JO ZIEGLER

OMAS KLEINES HÄUSCHEN

JO ZIEGLER

2019

OMAS KLEINES HÄUSCHEN

VORWORT

Diese Dokumentarliteratur wie Autobiographie und Familienchronik findet sich im postfaktischen Zeitalter der Erinnerungen mit Tatsachen, mit Gefühlen und mit Spekulationen und mit dem, was davon erhalten ist und was davon bleibt vermittels besonderer Erinnerungsorte.

Der Begriff Erinnerungsort ist eine Wortschöpfung, die ursprünglich auf das von dem französischen Historiker Pierre Nora für die französische Nationalgeschichte konzipierte siebenbändige Werk „Les lieux de mémoire" (1984-1992) zurückgeht, das wiederum von den Arbeiten zum kollektiven Gedächtnis des französischen Soziologen und Philosophen Maurice Halbwachs beeinflusst worden war. Seitdem wurde Noras Konzept mehrfach übertragen und weiterentwickelt und knüpft inhaltlich hier in diesem Buch an.

Es werden vier Lebensabschnitte mit ihren besonderen Themenbereichen in Form von memorierten Niederschriften in freier nicht chronologischer Abfolge mit Bildern und Fotos dokumentiert:

1. Die frühe Kindheit bis zum 7. Lebensjahr im zerbombten Nachkriegs-Dortmund mit dem gleichzeitigen Kontrast einer anderen Welt in Bayern, wo die Großeltern als Heimatvertriebene aus dem Sudetenland ankamen, sowie die weitere Kindheit und Jugendzeit als ein weiterer Kontrast im grünen ausfransenden südlichen Vorort von Dortmund.

2. Die alt68er Studienzeit in Bochum und die folgende Diaspora-Studienzeit in Münster mit Erkenntnis und Definition der Ruhrgebiets-Heimat als in der Mitte von WIR. Niedergeschrieben als eine Ruhrgebiets-Hommage, wobei das Ruhrgebiet als eine Region im Wandel begriffen wird und wobei anhaltende wirtschaftliche und soziale Veränderungen permanent im Raum stehen.

3. Die Berufstätigkeit bis zur Berufsaufgabe im Kontext mit Personen, Institutionen, Begriffen, Ritualen, Ereignissen und Orten als Splitter im Erinnerungs-Gewitter.

4. Der besondere neue Lebensabschnitt mit Aussicht auf Essen als Kulturhauptstadt RUHR.2010

Vormals verband mich meine ärztliche Tätigkeit mit der Welt, heute verbindet mich das Schreiben mit der Welt, wobei die eigene Stimme bei vielfältigen Themen eingebracht wird.

Ich schaue durch die herzförmige Aussparung in der rustikalen Balkonbalustrade, hänge meinen Blick an eine einsame Wolke, um mit ihr durch den blauen Himmel zu segeln, weit fort in das Reich der Erinnerungen und der Träume – so weit, dass ich plötzlich um mich blicke und mich frage:
Wo bin ich?

Ich bin im kleinen Häuschen meiner Oma.

Ich bin im kleinen Holzhaus, das ich geerbt habe.

Wo meine Erinnerungen wach werden, die ich in besonderen Erzählsträngen niederschreiben will, wobei ich kein Dogmatiker der Linearität bin, denn hier wird Geschichte nicht mit einem Erzählstrang stranguliert, nein, sie ist vielmehr auf Vielfalt konzentriert und damit dezentriert in der Vielschichtigkeit dieser Welt, die ich hier couragiert collagiere.

BUCHINHALT

DIE NIEDERSCHRIFTEN IM HÄUSCHEN:

I
NIEDERSCHRIFT IM NOVEMBER/DEZEMBER 1968

Ich

habe am heutigen Vormittag zusammen mit meinen Eltern unserer Oma das letzte Geleit zu ihrer Ruhestätte auf dem Friedhof neben dem Schloss gegeben – dorthin, wo sie nun Seite an Seite mit ihrer Mutter und ihrem Mann ruht.

Nach der Einkehr im Gasthof zum Hirsch, treten meine Eltern die lange Rückfahrt ins Ruhrgebiet an und ich fahre nur ein kurzes Wegstück bis zum kleinen Holzhaus, das ich von meiner Oma geerbt habe.

Ich bin angekommen mit Sack und Pack im voll beladenen VW-Käfer mit vorsorglich geliehenen Schneeketten, bin angekommen in der kalten Jahreszeit beim ersten Wintereinbruch, wonach sich im folgenden Jahresablauf der Volkstrauertag an den Buß- und Bettag und an den Totensonntag reiht – eine Trias der Besinnlichkeit bildend, die meinen mentalen Einstieg frei schaltet, um hier und jetzt meine Erinnerungen in besonderen Erzählsträngen bis auf den heutigen Tag niederzuschreiben.

Allein der Umfang der Niederschrift wird die Dauer meines Aufenthaltes bestimmen.

Aus

dem VW-Käfer trage ich folgende Gegenstände ins Haus:

Einen 50-Kg-Sack mit Nusskohle und zwei 25-Kg-Bündel Briketts. Sodann meine zwei Koffer, mein Feldbett mit Thermoschlafsack, diverse Essensvorräte, den Holzbierkasten der Dortmunder Actien-Brauerei mit zwanzig 0,5 l Bügelverschluss-Flaschen, die ADLER-Kofferschreibmaschine, das Transistorradio, das portable SW-Fernsehgerät und zum Schluss die ausgebaute Autobatterie, die nun ihren Platz aus der zentralen Geborgenheit unter der Rücksitzbank des Autos in die Nähe des Ofens wechselt, in dem ich ein Holzfeuer entfache und danach Briketts anlege.

Danach verbringe ich das Totenbett und den vierteiligen Paravent zwecks Verbrennung weit hinter die Drei-Kammer-Klärgrube, während ein leichter Wind günstig auf den abfallenden Berghang steht.

Wieder zurück im Haus, bearbeite ich gründlich den Boden mit dem Kobold-Staubsauger und stoße dabei gegen die vorspringende Holzwand mit drei losen Brettern, vor dem das Kopfteil des Totenbettes stand. Ich löse die Bretter aus ihren Verankerungen und stelle sie beiseite.

Dicht dahinter erkenne ich die gezimmerte und gekennzeichnete Holzkiste, mit der meine Urgroßmutter, meine Großeltern mit Tochter, also mit meiner Mutter, gleichwohl mit ihren am Körper übereinander getragenen Kleidungsstücken als Heimatvertriebene aus dem Sudetenland ihre Flucht antraten und hier in Marktoberdorf, im hügeligen Voralpenland, strandeten.

Zuerst provisorisch verbracht in das Fürstbischöfliche Schloss und danach durch eine zwangsweise Einquartierung in einer Wohnung weiter untergebracht. Nicht nur die wenig freundliche Gesinnung der heimischen Bevölkerung sondern auch die Konfrontation mit "schwarzem" US-Militärpersonal war ein Schock.

Die ungeöffnete Holzkiste belasse ich an Ort und Stelle, rücke die Bretter wieder zurecht und installiere mein Feldbett nunmehr parallel zur Holzwand mit Blick auf die beiden vorderen Fenster und auf die links danebenliegende Eingangstür. Bereits eingefahren in den

Schlafsack, gefolgt vom rotierenden Strahl meiner Taschenlampe, der mir zuckende bildhafte Aufnahmen meiner neuen Umgebung vermittelt, falle ich kurz darauf in den Schlaf mit einem wilden Traum, in dem ich mich im Hause abwechselnd auf dem Balkon, auf dem Dachgiebel, auf der Ausziehtreppe und im Wohn-Schlafraum aufhalte, danach lange aushäusig bin und sehr wohl in andere Häuser und Wohnungen übersiedele, doch danach unweigerlich wieder in Omas Haus zurückkehre.

Am folgenden Morgen verorte ich den VW-Käfer an der abgestellten Stelle unter einem eleganten abgerundeten Schneehügel, aus dem die Spitze der Antenne mit Fuchsschwanz hervorschaut.

‖

‖

Die
Zeit zur Niederschrift ist jetzt gekommen, und die Zeit ist auf meiner Seite.

Time Is On My Side, so denke ich, und denke dabei spontan an den Auftritt der Rolling Stones vor anderthalb Jahren im März 1967 in der Dortmunder Westfalenhalle.

Für das Konzert kaufte ich mir eine Karte für sündhaft teure 8,50 DM Oberrang linke Seite. Dann ging es in die Halle und ich nahm meinen Platz direkt am Geländer ein und hatte einen guten Blick auf die Bühne, wo im Vorprogramm The Easybeats mit ihrem Hit *Friday On My Mind* bereits für Stimmung sorgten.

Dann ging es endlich richtig los. Nichts hielt mich mehr auf meinem Sitz. Ich kletterte über das Geländer des Oberrangs und rutschte dann auf dem Hintern auf der sich anschließenden Radrennbahn runter in den Innenraum schräg vor der Bühne. Da kletterte ich mit einem anderen Fan zusammen auf den gleichen Stuhl und wir konnten den Stones beinahe in die Augen sehen. Einige Typen versuchten sogar, die Bühne zu stürmen. Da kamen Polizisten hinter der Bühne hervor und schlugen mit Gummiknüppeln drauf los. Deeskalation war damals noch ein Fremdwort!

Als Antwort wurden Stühle zertrümmert und Kleinholz flog in Richtung Polizei. Hätten die Stones damals schon ihren Song **Street Fighting Man** in ihrem Repertoire gehabt, hätte die Nummer böse enden können.

Unvergesslich die Setlist:
Let's Spend The Night Together
Satisfaction
The Last Time

Und unvergesslich dieser blonde Brian Jones, der die ganze Zeit wie abwesend auf seiner Gitarre spielte und ins Leere blickte, sich später im Schneidersitz auf den Bühnenboden hockte und auf der Flöte **Lady Jane** spielte. Damals ahnte ich nicht, dass ich ihn zum letzten Mal gesehen hatte. Heutzutage ist mir klar, dass er total zugedröhnt war mit Tabletten, Marihuana und Koks. Am 3. Juli 1969 ertrank er unter ungeklärten Umständen bei einer Party in seinem Pool.

Da ich schon weit vormals bereits tief in die Beat-Szene eingetaucht war, bedingt durch zwei vorausgegangene Sommerferien in Brighton in den Jahren 1965 und 1966 – konnte ich dieses legendäre Konzert besonders wertschätzen.

Damals wurde in Brighton ein Feriensprachkurs angeboten mit Unterbringung in einer Familie mit einem möglichst gleichaltrigen Kind, einer vom damaligen Veranstalter ausgelobten besonderen Konstellation.

In der Tat, da gab es einen Jungen, allerdings im grenzwertigen präpubertären Alter, so einen richtiger Flegel, der bei Tisch auf seinem Stuhl wippte und wie der Zappel-Philipp am Tischtuch zerrte und dementsprechend gemaßregelt wurde, während mir in diesem Tohuwabohu der Grießpudding erst recht im Halse stecken blieb.

Diese Zappelei führte dann auch zur extremen Schieflage des Ruderbootes während eines sonntäglichen Ausfluges, wobei ich von der Sitzbank seitwärts wegrutschte uns ins Wasser fiel. Als Besitzer eines DLRG-Rettungs-Schwimmabzeichens rettete ich mich selbst ans Ufer, wobei sich allerdings mein Moped-Führerschein im Leinenbrustbeutel fast bis zur Unkenntlichkeit auflöste.

Die Highlights in diesen beiden Sommern waren die Beat-Clubs in Brighton und in London, von wo aus es mit knisternden und halb tauben Ohren im Midnight Train wieder zurück nach Brighton ging.

Während dieser rasanten Zeit ahnte ich ansatzweise, was Heimweh bedeuten kann, hervorgerufen durch einen plötzlichen Heißhunger auf Pumpernickel mit Griebenschmalz, denn das tägliche Lunchpaket beinhaltete immer die gleiche Zusammenstellung aus bestrichenen weißen weichen Brotscheiben mit einem Salatblatt dazwischen.

Einer unserer Kursteilnehmer, der im gegenüberliegenden Haus wohnte, entsorgte frustriert sein Lunchpaket auf dem öffentlichen Postkasten während unseres Weges zur Bushaltestelle. Bereits vor unserer Rückkehr zum Abendessen hatte dieser Vorfall die Runde in der Siedlung gemacht:
Horst posted his lunchpacket!

Wiederholt wundere mich beim Schreiben dieser Zeilen, dass mir damals kein einziges Mal Ressentiments entgegenschlugen, was ich möglicherweise auf fortgeschrittene Sprachfähigkeiten sowie auf mein Outfit mit Mähne und ausgeflippten Klamotten zurückführe.

Ganz stolz poppte ich darin bei meiner Rückkunft auf, und zwar in einem bedruckten T-Shirt mit den vier Pilzköpfen. Da mein heiß geliebtes Hemd beinahe von alleine stand vom Mief diverser Beat-Keller sowie von meinen eigenen Ausdünstungen, verschwand es zügig in der Waschmaschine und kam nach Trocknung als kleines reinweißes Leibchen wieder zum Vorschein, geeignet für Äffchen im Zoo.

Na ja, mit der Musik dieser langhaarigen Halbaffen, wie Eltern und Erzieher die Beatles und die Rolling Stones & Co. bezeichneten, beschallte ich sodann mit meinen mitgebrachten LPs das häusliche Wohnzimmer bis zum Abwinken und hallo, ich kann sogar die Texte verstehen!

Was ich sehr wohl auch verstehe, ist ein Trauerflor an der Antenne eines PKWs mit Berliner Kennzeichen, der vor uns auf dem Ruhrschnellweg fährt, denn vom 02. Juni 1967, also einen Monat vor meiner Abreise nach Brighton, habe ich noch die Bilder aus einer Nachrichtensendung vor Augen, in der von einer Straßenschlacht vor der Oper in Berlin mit zahlreichen Verletzten berichtet wurde, während das iranische Kaiserpaar einer Festaufführung in der Oper beiwohnte. Gleichzeitig verliehen dort rund 800 demonstrierende Personen ihrem Protest Ausdruck, der das diktatorische Regime des Schahs anprangerte.

Als sich die Türen der Oper um 19.57 Uhr schlossen, wurde draußen von Polizeipräsident Erich Duensing der Befehl "Knüppel frei, räumen!" erteilt. Die Demonstranten waren eingekeilt zwischen Baugerüsten hinter ihnen und den vor ihnen errichteten Polizeigittern aus Metall, den sog. Hamburger Reitern oder Hamburger Gittern. Offensichtlich ohne Warnung schlugen die Polizisten wahllos auf Demonstranten und Schaulustige ein. Dazu bildreiche Szenen von demonstrierenden Studenten mit Papp- und Kreuzschildern und von prügelnden Polizisten. Dann der Schuss des Polizisten Karl-Heinz Kurras und dann der Tod des Studenten Benno Ohnesorg.

Im Spätsommer und im Herbst 1967, vermehrten sich schlagartig Presseberichterstattungen und Kommentare über diese Berliner Vorfälle mit einer unisono kritischen Tendenz:

„Der Tod des Studenten Benno Ohnesorg ist für viele ein Symbol für die politische Inhumanität dieser Tage. Das Datum markiert einen historischen Wendepunkt, nämlich die Revolutionierung des studentischen Bewusstseins, wobei sich das gesamte politische Spektrum der Studentenbewegung nach links verschiebt. Buchstäblich über Nacht werden aus Gleichgültigen politisch Interessierte, aus Liberalen Radikaldemokraten."

Schon im kommenden Jahr, so dachte ich, werde ich mich nach Beendigung des anstehenden Kurzschuljahres als Student in diese Reihe eingliedern – nicht nur gedanklich, sondern auch aktiv bei anfallenden Demonstrationen!

Das Fernsehen übertrug aus dem Auditorium Maximum der FU die Trauerfeier für Benno Ohnesorg, dessen Leichnam anschließend mit einem Trauerkondukt in seine Heimatstadt Hannover überführt wurde.

In der Ansprache des Professors für Evangelische Theologie, Helmut Gollwitzer, sagte dieser bei der Verabschiedung des Trauergeleits:

„Auch nach dieser Beerdigung sind die Gegensätze offen. Aber der Tod verpflichtet zur Versöhnung, das heißt zum Abbau aller Vorurteile und zum sachlichen Gespräch über die Trennung hinweg, mit dem Ziele friedlichen Zusammenwirkens."

Bei der Durchfahrt des Kondukts durch die DDR verzichtete deren Regierung auf die sonst üblichen Grenzkontrollen.

Trotzdem:
Düsternis in deutschen Landen!

Diese aktuellen Geschehnisse werfen Gräben auf zwischen mir, meinen Eltern und den älteren Erziehern. Eine gefühlte neue Zeit ist angebrochen. Diese zu erleben will nicht mehr stattfinden im wohl behüteten elterlichen Zuhause!

Wie Wasser auf die Mühlen und wie Öl auf die Flammen wirkt dazu passend ein Foto in der Zeitung vom 09. November 1967, ein epochales Foto mit einem Spruchtransparent, das vor den Professoren, gewandet in Talar, Halskrause, goldene Amtskette und Barett

(Theologie schwarz, Medizin grün, Jura rot, Staatswissenschaften karmesinrot, Philosophie blau), von zwei Studenten hergetragen wird beim Einzug ins hanseatische Audimax mit dem Spruch:

„Unter den Talaren Muff von tausend Jahren."

Mein mentaler Ausbruch ist bereits Programm, gefolgt vom praktizierten Auszug in eine eigene Bleibe, wobei sich das Prozedere im kommenden Jahr finden wird, sobald mein Studienplatz mit Standort der Universität feststeht. Sollte ich keinen Medizinstudienplatz wegen des anstehenden Numerus Clausus bekommen, bliebe als eine Zwischenlösung das Vorliebnehmen mit der Bau- und Betonwüste der neuen Ruhruniversität in Bochum.

Doch noch wird schulisches Lernen großgeschrieben, wozu insbesondere die nullte Unterrichtsstunde zählt, zu der sich nur drei weitere Klassenkameraden aufraffen, um Spanisch zu lernen, wobei ich beflügelt bin von der Vorstellung, mit vier Sprachen die Welt erobern zu können.

Ein weiterer wie letzter Sprachaufenthalt/Sprachkurs soll in den folgenden Osterferien in Frankreich stattfinden. Der Veranstalter ist das Deutsch-Französische Jugendwerk, wobei unser engagierter junger Französischlehrer uns die kulturpolitischen Initiativen ab 1955 zwischen Deutschland und Frankreich im Wechsel von Wandel, Stagnation und nationalen Eigeninteressen nahebringt (s. Anhang).

Für eine neue deutsch-französische Annäherung sah man den Grundstein für den Aufbau des Deutsch-Französischen Jugendwerks (DFJW). Den legten der deutsche Bundeskanzler Konrad Adenauer und der französische Staatspräsident Charles de Gaulle mit der Unterzeichnung des Elysée-Vertrages am 22. Januar 1963. In einem zwischenstaatlichen Abkommen wurde dann am 5. Juli des gleichen Jahres die Gründung einer "Organisation zur Förderung der Beziehungen zwischen der deutschen und der französischen Jugend" vereinbart. Artikel 2 (1) des Gründungsabkommens schreibt fest:

„Das Jugendwerk hat die Aufgabe, die Bande zwischen der Jugend der beiden Länder enger zu gestalten und ihr Verständnis füreinander zu vertiefen; es hat hierzu die Jugendbegegnung und den Jugendaustausch anzuregen, zu fördern und gegebenenfalls selbst durchzuführen. "

Die vereinbarten Projekte steckten also noch in Anfängen, als ich meinen 14tägigen Sprachaufenthalt mit einer elend langen Zugfahrt Anfang April 1968 nach Rouen startete. Als Lichtblick stieg in Bonn Armin von Eigelstein in den Zug und, uns war bereits nach den ersten Stunden klar, dass wir diese Aktion gemeinsam meistern wollten.

In der Tat, es war keinesfalls eine lustige Zeit. Schon die Unterbringung in der Banlieue in einem Jugend-Arbeiterheim war gleichwohl unerquicklich wie der Sprachunterricht bei jungen Lehrern, zu denen wir keinen Draht hatten.

Wir waren und wir blieben Fremde.

Armin und ich fühlten, in der Kälte eines Kriegstraumas angekommen zu sein. Da gab es zwar keine sichtbaren Kriegsschäden, da gab es aber vornehmlich alte Gemäuer als sprachlose Statisten in schmalen Straßen.

…….Hier, sagte Armin, hier liegt nicht die Zukunft Europas, nein, Jo, die liegt in Berlin! Und wenn die DDR verreckt ist, dieser Unrechtsstaat, dann wird Berlin wieder unsere große Hauptstadt sein, und in dieser auferstandenen Metropole will ich groß herauskommen. Jo, wir sehen uns im Herbst in Berlin!

…….Armin, woher stammt denn deine Denke, vielmehr deine Utopie?

…….Jo, im vergangenen Sommer arrangierte meine quirlige Tante aus Berlin zusammen mit meiner Mutter und mir einen ausgefallenen Urlaub auf der Insel Fuerteventura.
Eigentlich sollte es nach Algerien gehen, um den Spuren im Roman "Der Fremde" (franz. L'Étranger) des französischen Schriftstellers und Philosophen Albert Camus nachzugehen, doch die politisch angespannte Situation einerseits und die umständlichen Einreisemodalitäten andererseits, ließen uns Abstand nehmen. Sehr schade, denn sowohl im Französisch- als auch im Philosophieunterricht besprachen wir Camus Hauptwerk der Philosophie des Existentialismus.

…….Armin, absolut, hatten wir etwa geistesverwandte Lehrer?

Den Fremden konnte ich sogar im Original lesen – du verstehst, mit schneller Lexikon-Unterstützung. Doch jetzt zurück zu deiner Berlin-Nummer.

........„Unser schönes Deutschland, unser ganzes schönes Deutschland", so tönte damals lautstark ein sehr junger Reiseleiter während seiner geführten Jeep-Tour auf der Insel Fuerteventura.
Ja! Ja!

.......Er war in Algerien aufgewachsen, sein Vater Arzt, und dann, zwei oder drei Jahre nach der Unabhängigkeit von Frankreich, ging es zurück nach Deutschland, nach Berlin, Deutschlands wahrer Hauptstadt!"
Das Brausen des Windes und das Rauschen der brutalen Brandung brachten die brisanten Worte noch nicht wirklich ins Ziel, aber dann:
„Es war einfach nicht mit anzusehen, wie die Leute mit den Hinterlassenschaften der Franzosen umgingen. Das Mobiliar aus den Französischen Regierungs- und Verwaltungsgebäuden wurde auf die Straßen geschleift und das Volk bediente sich. Alles wurde vernachlässigt, ein Schweinestall war das – aber so etwas wird es in unserem schönen ganzen Deutschland mit Berlin als Hauptstadt niemals geben!"
Ja, jetzt hatte ich richtig gehört!
Und weiter:
„Der Zeitfaktor verhilft uns zum Sieg bei der Wiedervereinigung, denn die ostzonalen Bonzen werden in ihrem Unrechtsstaat an ihrer eigenen Scheiße verrecken!"

.......Mensch, Achim, das ist ja starker Tobak!

.......Jo, und starker Tobak ist auch, dass ich meinen Hauptwohnsitz von Bonn nach Berlin verlegen werde. Dadurch wird erreicht, dass ich nicht zur Bundeswehr eingezogen werde.

.......Ich auch nicht, denn ich werde den Kriegsdienst verweigern.

.......Auch gut!
Und Jo, noch etwas: Den Transit durch die DDR werde ich gezielt umgehen, da kann keiner dieser Stasi-Schnüffler seine Nase in meine Papiere stecken.

.......Wie das?

.......Vom Flughafen Köln/Bonn "Konrad Adenauer" ist es nur ein Katzensprung nach Berlin, wobei die Flüge von und nach Westberlin nur den westalliierten Maschinen vorbehalten sind.
Also geht es zum Beispiel los in einer DC-6 durch einen festgelegten Luftkorridor, in dem eine Mindestflughöhe von 2.500 und eine maximale Flughöhe von 10.000 Fuß (762 bzw. 3.048 Meter) einzuhalten ist. Das ist keine normale Reisehöhe und bei schlechten Wetterverhältnissen die reinste Schüttelpartie. Nach meinem letzten Flug hatte ich noch längere Zeit ein flaues Gefühl in der Magengrube, das erst nach dem zweiten Cognac verschwand. Meine Tante hatte den guten Tropfen sofort parat.
Und Jo, pennen kannst du bei mir, denn ich beziehe eine möblierte Zweieinhalbzimmer-Altbauwohnung in der Villa meiner Tante.

.......Na, das sind ja tolle Aussichten. Armin, von deinem Angebot werde ich gerne Gebrauch machen.

Weniger toll war dann die Tatsache, dass ich wegen des Numerus Clausus keinen Medizinstudienplatz bekam und mich in Bochum quasi zum Überbrückungsstudium als Student der Elektrotechnik immatrikulierte.

Aufbauend wirkte Hömmuht vor Ort, der als Opelaner bereits einen gebrauchten Kadett fuhr, mit dem wir auf Spritztour gingen zu den angesagten Beat-Schuppen und zu den besonderen Kinovorführungen. In seiner 2-Zimmeraltbauwohnug kam ich erst einmal mit Schlafsack und Pappmaschee-Koffer unter.

Auf dem Campus und in der alten Mensa lautete die neue Kampfparole: Mitbestimmung, gleiches Recht für alle und weg mit der Ordinarienuniversität. Gleichzeitig gab es permanente Erörterungen der Vorfälle in Berlin über die Erschießung des Studenten Benno Ohnesorg während der Anti-Schah-Demonstrationen vor gerade mal vier Monaten am 02. Juni 1967.

Für viele, viele andere Studenten war es auch ein Damaskus-Erlebnis. Der Campus wurde mehr und mehr zu einem Ort, wo über Strategien, Taktiken und Aktionen im Kampf gegen die Honoratioren, gegen die kapitalistische Universität, aber auch gegen den Kapitalismus und Imperialismus im Allgemeinen diskutiert wurde.

Im diesem beginnenden Wintersemester inhalierte ich nur selten Fachwissen in den belegten Veranstaltungen, andere Orte verströmten eher den Geist der universitären Welt, der gerade aus den Fugen geriet und wo lauthals und öffentlich die professionalen Fachidioten und autoritären Scheißer kritisiert wurden. In Teach-Ins wurden Forderungen und Strategien diskutiert, mit Go-Ins wurden Vorlesungen und Seminare von verhassten Hochschullehrern gesprengt mit dem Motto: Zieht die Magnifizenzen an ihren ideologischen Schwänzen!

Wir, die Generation des Aufbruchs, die wir die Nähe der Altvorderen zum Hitlerfaschismus als bedenkenswert ansehen, wir wollten uns mit befremdenden Befindlichkeiten von Ruhe, Ordnung, Autorität und reglementierter Ausbildung nicht mehr arrangieren.

Die Sprache als Aneignung von Realität stand ganz oben auf der Tagesordnung. Diese "Waffe der Kritik" zeigte unverhoffte Erfolge im Kampf gegen die vermeintlichen Autoritäten im Elternhaus, in der Schule, im Ausbildungsbetrieb und im universitären Seminar. Die Mitglieder der Kriegsgeneration hatten, soweit sie nicht aktiv im Widerstand gegen Hitler waren, einiges aus ihrer persönlichen Biografie zu verdrängen. Der Verdrängungsprozess verlief so lange erfolgreich, wie das Wirtschaftswunder für neue Fetische sorgte: Der neue Kühlschrank, das erste Auto, das erste Fernsehgerät, etc…Unsere Generation des Aufbruchs wollte etwas anderes, sie wollte Sinn, menschliche Wärme und Anerkennung. Und sie wollte die Dinge beim Namen nennen, wobei die Sprache als "Waffe" sich vorzüglich eignete, Vorgesetzte, Eltern und Lehrer zu verunsichern.

An der Universität Bochum bildete sich mit dem SDS schon eine Opposition heraus, die sich an hochschulpolitischen und gesellschaftlichen Ereignissen orientierte. Der SDS Bochum war im Ruhrgebiet unbestreitbar einer der Wortführer des Protestes. Seine Popularität zog er aus der schon frühen Organisierung von Aufklärungskampagnen, die sich an hochschulpolitischen und gesellschaftlichen Ereignissen orientierten, gleichwohl in Aktionen gegen den Vietnamkrieg, was sich in der BSZ (Bochumer Studenten Zeitung) bereits ab Februar 1967 inhaltlich niederschlug.

In der AStA-Baracke erfuhr ich, dass Rudi Dutschke am 24. November 1967 kommt. Diesen Chefideologen des SDS und profiliertesten Theoretiker der Neuen Linken wollte ich unbedingt erleben. Und, in der Tat, er sprühte vor Energie und Charisma. Es hielt ihn nicht auf dem Stuhl hinter dem Tisch mit dem Mikrofon und so gestikulierte er im Stehen in seinem markanten Ringelpullover, sodass er auch ganz hinten in der Alten Mensa der Ruhr-Universität zu sehen war.

Zu Beginn seiner Ausführungen herrschte Unruhe und vernehmliches Missfallen durch Zischen und durch Scharren mit Füßen von Zuhörern, aber dann wurden Beifall und Zustimmung immer stärker. Rudi hatte zum Nachdenken angeregt. Nach der Veranstaltung, noch lebhaft diskutierend, fanden wir uns wieder in den Bochum-Querenburger Studentenkneipen bis spät in die Nacht hinein.

Ein langer Marsch durch die Institutionen sollte folgen. Dazu schreibt DER SPIEGEL in Nr. 51/1967:

Die Revolution trägt Pullover.

Weniger angenehm ist die Tatsache, dass mein heutiger angedachter Spaziergang auf die Anhöhe "Buchel" zu einem Mahnmal entfällt (s. Anhang: Mahnmale Bayern – Bund der Vertriebenen), weil nach weiterem Schneefall mein Schuhwerk für diese Aktion ungeeignet ist. Das Mahnmal mit der Inschrift "Den Toten der Heimat – Sudetendeutsche Landsmannschaft", liegt auf dem Weg zur "Buchel", ein Weg, den ich viele Male zusammen mit Großmutter und Mutter gegangen bin, allerdings waren für mich die dortige Spielwiese und der Wasserspeicher von Interesse. Der Wasserspeicher hatte mehrere Probennahmestellen in halbmeterhohen oberirdischen Metallrohren, die mit glockenförmigen Abdeckungen verschlossen waren und, je nach Befüllung, unterschiedlich klangen, wenn man mit einem Stecken dagegen schlug.

Frische Luft bekomme ich dennoch genug, denn ich will im knietiefen Schnee einen schmalen Weg freischaufeln, der vom Holzhaus durch den Vorgarten bis hin zum landwirtschaftlichen Verbindungsweg zwischen den beiden angrenzenden Höfen geht.

Den Reifenspuren nach zu urteilen, waren der Haflinger vom Wiesenhof und der Brunner vom Viertlerhof bereits mit ihren Traktoren unterwegs.

Beim Haflinger werde ich morgen am Vormittag vorbeischauen, um dort meine längere Anwesenheit in dieser Winterjahreszeit zu erklären, was vermutlich zu einer ausgedehnten Sitzung ausarten wird, weil wir beide unsere Sprachbarrieren durchbrechen müssen.

Dabei werde ich wiederholt stolz an meine Großeltern denken, die es 1949 schafften, diesem gestandenen Bajuwaren seine Holzhütte mit einem kleinen Wiesenanteil abzukaufen, was sicherlich auch daran lag, dass mein Großvater ohne Entgelt, dafür aber für warme Mahlzeiten, die Fenster und die Eingangstür fachmännisch erneuerte, ja, derart fachmännisch erneuerte, auf dass sie sogar heutzutage noch wie frisch eingepasst erscheinen und demnächst nur mit einer neuen Verglasung versehen werden müssen, dann nämlich, wenn ich wiederholt Geld durch meine weitere Arbeit als Hilfspfleger in der Dortmund- Aplerbecker Heilanstalt ab Beginn des kommenden Jahres verdient haben werde.

Denn das laufende Semester als eingeschriebener Student in Bochum ist durch meine aktuelle längere Abwesenheit eh gelaufen und ich bin mir sicher, beizeiten wieder als Hilfspfleger sehr viel mehr fürs Leben lernen zu können.

Wie bereits bei meiner ersten Einstellung in den Wochen vor Semesterbeginn, als mir der Personalleiter beim kurzen Einstellungsgespräch mit auf den Weg gab:

„Junger Mann, denken Sie immer daran, dass die Ihnen anvertrauten Personen gleichwohl Vater oder Bruder sein können!"

Wahrlich ein weiser Satz, den ich verinnerlichte und den ich bei meiner späteren Berufstätigkeit immer hochhielt.

Meinen gestrig geplanten Tagesablauf erweiterte ich um drei Punkte: Nach dem Besuch beim Haflinger mit einem Begrüßungstrunk bei zwei Flaschen Dortmunder Actien-Bier, sollte es weitergehen zum alten Schuhmacher Haider zwecks Winterstiefel, danach zum Schreiber-Toni für Zigaretten- und Zeitungskäufe und schlussendlich zur Dorfmetzgerei Buchting als Krönung eines gezielten Einkaufes von Wurstspezialitäten aus deren eigener Schlachtung und handwerklicher Herstellung.

Aber bereits beim Haflinger zerfiel der Montagmorgen:
Haflinger stank stallmäßig, als ihn sein Sohn Max am Arm in die gute Stube führte und, da wir uns letztmals vor fünf Jahren hier getroffen hatten nach der Beerdigung meines Großvaters, holte der Haflinger aus der Anrichte unterm Herrgottskreuz drei Flaschen mit bodenständigen traditionellen Schnäpsen hervor und Blutwurz-, Bärwurz- und Wildbeerengeist im Schnaps-Glaserl gingen der Reihe nach auf meine aktuell verstorbene Großmutter, auf meinen vormals vor fünf Jahren verstorbenen Großvater und drittens auf uns, die Glücklichen, auf uns, die Lebenden!

„Und überhaupt, Jo, deine Großmutter war ja eine so tüchtige Frau; die hat noch bis kurz vor ihrem Tod stundenweise als Glas- und Perlenschleiferin (s. Anhang Gablonzer Glasperlenschmuck) gearbeitet.
Und Jo, dein Großvater, der Tischler, der hat sich hier mit seinen handwerklichen Fähigkeiten einen Namen gemacht, also der Franz, der war damals auch bei der freiwilligen Feuerwehr angesehen, und überhaupt, die

Feuerwehr, die wusste schon vorher wo es brennt und ob schnell oder weniger schnell gelöscht werden sollte, haha!

Prost Jo!
Als der Franz die Fenster und die Tür in meinem Holzschuppen meisterhaft repariert hatte und ich dann mehr über die Herkunft deiner vertriebenen Großeltern erfahren habe, demnach sie als Angehörige der fleißigsten und produktivsten Volksgruppe der ehemaligen K. u. K-Monarchie galten (s. Anhang), da war ich bereit zum Verkauf meines Wiesenstücks mit aufstehendem Holzhäuschen, das der damaligen zeitweisen Unterbringung von Erntehelfern diente.

Doch zum Dauerbewohnen war eine Stromversorgung nebst einer Drei-Kammer-Grube notwendig, sozusagen eine Art zweckdienliche Umwidmung, die ich durch amtsmäßige Registrierung mit Hilfe meines Skatbruders Sepp Wurzig erreichte. Na ja, und das Frischwasser zweigte ich in einer Nacht- und Nebelaktion von der Hauptleitung des Oberwiesen-Wasserspeichers ab. Also Max und Jo, ihr bleibt jetzt mal einfach hier zur Brotzeit als optimale Stärkung und Jo, was höre ich da, du willst zur Schuhmacherwerkstatt Haider? Der ist leider vor zwei Jahren gestorben, Gott sei ihm gnädig!

Was denn Jo, du hast keine Winterstiefel?
Max! Max, hammas?

Und Jo, du willst studieren?
Und heutzutage werden Studienplätze auch per Los vergeben?

Sakra!
Und in Berlin erschießen die Saupreiß einen Studenten?
Sakra Kruzifix noch eins!"

„Macht euch keine Sorgen, so weit weg von meiner
Heimat, vom Ruhrgebiet, werde ich nie gehen."

„Im Ruhrgebiet…Jo, sag mal, ist da alles schwarz?"

„Nicht alles!
Viel weniger die Gesinnung!
Die ist eher sozial und umtriebig versöhnlich, schon
deswegen, weil wir uns irgendwie arrangiert haben im
Zusammenleben mit Einwohnern, die aus vielen Herren
Länder stammen und eine Kultur des Kompromisses
verlangten. Wisst ihr, vor allem seit 1880 zogen Werber
durch die preußischen Ostprovinzen, um Arbeitskräfte an
Ruhr und Emscher zu locken, weil dort die Zechen wie
Pilze aus dem Boden schossen, einhergehend mit der
Eisen- und Stahlverarbeitenden Industrie.
Eine der größten Völkerwanderungen der neuen
Geschichte fand statt. Um 1840 lebten in der Ruhr-Region
etwa 250.000 Menschen – und heute ist das Ruhrgebiet
eines der größten Ballungsgebiete Europas mit seinen
mehr als fünf Millionen Einwohnern."

„Hört! Hört!
Jo, zur Brotzeit trinken wir Actien-Bier aus Dortmund!"

     Also, das war's für heute!
Nachdem Max, der Riese, mit mir im Vorraum des
Jagdtrophäen-Kellers seine gefütterten Winterpirsch-

Stiefel gefunden hatte, aus denen er herausgewachsen war und die mir fast wie angegossen passten, vorausgesetzt, ich ziehe zwei Paar Socken übereinander an, na super! Mit diesem Paar Stiefeln unterm Arm, pappsatt nach ausgiebiger Brotzeit und abgefüllt mit Schnäpsen und Bier, folgte ich gezielt meiner Spur im Schnee rückwärts zum Häuschen, legte Briketts nach, kroch in den Thermoschlafsack und ließ den Herrgott einen lieben Mann sein, der mir dennoch einen verqueren Traum schickte, den ich nach dem Aufwachen noch rechtzeitig vor den Abendnachrichten in die ADLER-Schreibmaschine hämmerte:

Vor dem Häuschen leuchten rote Johannisbeeren im Strauch. Ich teile die Zweige und schlüpfe ins Innere. Die Beeren sind sooo schön. Ich bin sooo schön wie die Beeren. Ich falle als schöne Beere ins Weidenkörbchen und höre die Stimme meiner Mutter, die unseren Besuch bei Waltraud und Zenzi im benachbarten Weiler ankündigt. Auf dem Weg durch herrlich grüne Wiesen mit summenden Brummern und schwirrenden Libellen entlang des schnell dahinfließenden klaren Baches, falle ich bei Querung eines Steges aus dem Körbchen und schlüpfe als Held vor Ankunft meiner Mutter in Leuterschach.
Der Dorflehrer, Herr Hoffmann, vormals herangezogen zur teilweisen Belegung seiner Wohnung mit Vertriebenen aus dem Sudetenland, nimmt mich an die Hand und führt mich in seine Studierstube, in der ein Schmalfilm auf eine Leinwand mit Hell-Dunkel-Schwankungen und mit Unschärfen projiziert wird. Im Rosenmontagszug ohne Ton von Alaaf und Helau stehe ich mit Armin von Eigelstein auf einem Karnevalswagen

und wir werfen bunte Bonbons in die Masse der
schunkelnden Jecken. Fühle mich mittendrin und doch
draußen. Wir trinken Kölsches Schlabberbier. Wir fahren
im Nachtzug und torkeln danach zur Eigelstein-Wohnung.
In seinem Zimmer schieben wir für mich zwei Sessel zur
Schlafstatt zusammen und dann flimmert auf der
Leinwand:

ENDE

Beim Aufwachen erschlägt mich das Bücherregal mit
akkurat ausgerichteten Buchrücken wie vom Lineal
gezogen. Auf der Kommode stehen Familienfotos. Ein
Bild mit Trauerflor von Vater Eigelstein in Uniform.
Demnach: Knabe Armin war vaterlos. Also: Wen
anbrüllen? Da sind nur Mutter, Tanten und Onkel mit
Cousinen und Cousins in scheitelgerader Gesinnung in
Zeiten, da wenig gefragt wurde.

Eine Art von Erbschaftsverweigerung?
Eine Auflösung der Vätertradition?
Wieder spürbarer Aufbruch.
Veränderungen erkennen und begreifen.
Aktives Aufbrechen verkrusteter Verhältnisse.
Wo denn?
Wohl kaum in Bonn im beschaulichen Rheinland der
Nachkriegszeit – jedoch in Berlin mit Deutschlands Elite
und ihren Kriegsdienstverweigern.

Bravo, Eigelstein!

Mit meinen Eltern ist vereinbart, dass ich jeweils am Samstag-Vormittag anrufe. Im Postamt immer wieder das gleiche Anmelden eines Ferngesprächs, der Gang in die halboffene Fernsprechkabine, der Austausch der kleinen Neuigkeiten und, Hauptsache gesund und wie lange ich noch bleibe und darauf meine vage Antwort – doch jetzt aber, wo ich wie immer auf den schmelzenden Schnee meiner Winter-Pirschstiefel schaue und in Gedanken einen Zehn-Markschein für das Telefongespräch zücke, doch jetzt, jetzt genau steht mein weiteres Studentenleben als stud. med. dent. fest, und zwar in Münster.
Ja, heute ist ein Brief von der zahnmedizinischen Fakultät gekommen. Mein Sohn, ich gratuliere dir, du hast per Los einen Studienplatz zugesprochen bekommen!

Mein Weihnachtsgeschenk ist demnach bereits zum vierten Advent eingetroffen. Ich will in der Mitte der kommenden Woche zurück ins Ruhrgebiet fahren, und hinter meiner Heimat wartet dann Neuland, wartet das Münsterland mit der Studentenstadt Münster auf mich!

Mir ist plötzlich klar, dass meine Zeit zur Niederschrift nicht ausreichen wird, um meine noch fehlenden Kindheits- und Jugenderinnerungen bis zum Ableben meines Großvaters vor fünf Jahren zu vollenden.

Doch mit meinen Gedanken bin ich gleich bei ihm, wenn ich am Postamt die Bahnhofstraße weiter entlang laufe bis zum Bahnhof, mich unter dem abgehängten blauen Hinweisschild Marktoberdorf an die braune Holzbalustrade lehne, links die runde Bahnhofsuhr und den gelben Postkasten sehe und meinen Blick über die Gleise mit den Signalen streichen lasse, ja dann, dann fehlt nur noch mein Großvater, der mich auf die Balustrade setzt und mich festhält, während meine Beine baumeln und ich einen guten Blick auf die Eisenbahnwaggons mit den verladenen grünen Fendt-Treckern habe und ihn mit meinen Fragen löchere:

Warum haben die Trecker keine Räder?
Und die Räder, wo sind die?
Und wo werden die montiert?
Und wohin geht dann die Reise, die weite Reise?

Mein Opa beantwortet mir jede Frage. Manchmal geht ihm dabei die Zigarre aus. Doch mein genaues Verständnis seiner Worte trifft nicht den Kern der Sache, nein, vielmehr lullt mich der Singsang seiner Worte ein, der Singsang seiner vielen Kannitverstan-Worte aus dem Sudetenland, die mir im Schlaf trotzdem aufregende Träume liefern, ganz besonders nach dem Nippen am Tröpfchen bayerischen Biers aus einem daumengroßen Druckglas Gablonzer Schmuck-Herrlichkeit, das sich ebenfalls in besagter Holzkiste befand.

Wohin womöglich die weite Reise gehen mag, genau dieser spitze Hirnstich beflügelt meine heißen Träume, die besonders bei hochsommerlichen Blitzgewittern explodieren und wo in dieser donnernden und grollenden Urgewalt Dämonen, Gaukler und Nachtmaare in Kapuzen raumgreifend uferlose Gefilde durchschreiten, durchschreiten und durchschreiten, und dabei niemals ihr avisiertes Ziel erreichen – gleich einer einmalig schwarz-rot-goldig glimmernden Karawane, die im aufgewirbelten Staub ihrer Trittspuren lautlos verschwindet.

In der nächsten Traumsequenz folge ich ganz nahe den riesigen schwarzen Treckerhinterrädern, die griffig durch frisch gepflügte Ackerfurchen rollen. Atme tief ein, rieche den erdigen Ur-Geruch schwarz glänzender frisch aufgeworfener Schollen, begleitet von stumm schreienden mehrfach geteilten fetten tangerinrosaroten Regenwürmern, die sich unversehens zu einem neuen Maxiwurm konfigurieren, der mir befiehlt:

„Aufsitzen, ich schleim dich heim!"

Ich fahre aus meinem Traum hoch, während durch das gekippte Fenster Fetzen vom Pfeifen und Rattern des Nachtzuges wehen und mich mitnehmen, mich auf Tempo 100 katapultieren, um mich nahtlos im nächsten Traum bis zum Hauptbahnhof Dortmund zu bringen.

So ein grüner Fendt-Trecker wurde auch ins Ruhrgebiet geliefert!

Auf exakt einem dieser Grünlinge habe ich in meiner Heimatstadt Dortmund, im Vorort Aplerbecker-Mark, meine ersten Furchen im Acker gepflügt.

Noch reicht die Zeit, die Umstände meines ersten Treckerlebnisses niederzuschreiben, verbunden mit meiner ersten hiesigen Ankunft, die ich aufgrund zweier quadratischer Schwarz-Weiß-Fotos mit einem gezackten Rand auf den Sommer 1953 datiere.

Mein Alter: Viereinhalb Jahre.
Mein geliebter Kindergarten ist in der Ferienzeit geschlossen.
Wir besuchen die Oma und den Opa.
Au ja!
Wir fahren mit dem Zug nach Bayern.

Schade!
Papa bleibt hier, denn er muss arbeiten.

Bahnsteige!
Bahnsteige!

Endlos lange Zugfahrt.
Umsteigen auf Bahngleisen.
Endlich der Zielbahnhof, wo gerade grüne Trecker auf offene Waggons verladen werden.

Gleich die ersten Tränen, weil ich mich von den spannenden Trecker-Verladungen lösen muss, allerdings mit dem Versprechen, morgen mit mir erneut hierhin zurückzukommen, und zwar im Bollerwagen sitzend, in den gerade Koffer und Reisetasche gepackt werden. Schon die nächsten Tränen, weil ich nicht neben dem Koffer mit aufsitzen darf.

Verkehrte Welt!

Wo bin ich hier angekommen?

Wie lautet das Wort?

Marktoberdorf!

Aha!

Aber an das bayerische Holzhaus von Oma und Opa kann ich mich nur nebulös erinnern.

Wohl aber an den Holzbalkon mit markanten Fräsungen und Aussparungen, durch die man bis nach Berchtesgaden sehen kann. Vermutlich ein Hinweis von der Oma oder vom Opa, denn die wohnen ja hier und kennen sich aus.

Aber an die Antwort auf meine Frage, wo denn Berchtesgaden liegt, kann ich mich überhaupt nicht erinnern.

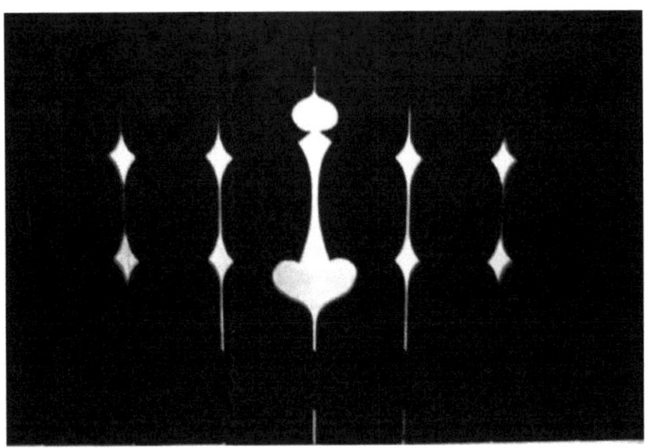

Heutzutage schreibe ich diesen memorierten Unsinn meinem Vater zu, der gerne Buntes redete, denn Wortspielereien und Wortverdrehungen waren sein Ding.
Überspitzt gesagt, er war ein Rabulistiker und eine Spottzunge mit einem reichen Wissens- wie Zitatenschatz aus komischer Lyrik:

<<Ein Wiesel saß auf einem Kiesel inmitten Bachgeriesel.>>

Oder bis hin zu Unsinns- oder Lautpoesie:
<<ottos mops trotzt otto: fort mops fort ottos mops hopst fort otto: soso.>>

Oder spätromantisch:
<<Schläft ein Lied in allen Dingen,
Die da träumen fort und fort,
Und die Welt hebt an zu singen,
Triffst du nur das Zauberwort.>>

Oder aus dem literarischen Dunstkreis seiner Vorfahren:
<<In einem flachen Kessel am Niederrhein liegt zwischen waldigen und heidigen Höhen ein Dorf. Die Bewohner aber neigen ein wenig zum Kretinismus und haben insbesondere vor ihren Nachbarn einen eigentümlichen hämischen und bissigen Witz voraus – sonst leben sie wie diese in den Tag und wissen nichts von der transzendenten Idealität der Zeit, der Vereinigung des Willens, dem Pathos der Distanz und wären so glücklich wie ihr Vieh, wenn sie eben nicht den hämischen Witz hätten und so eingefleischte Ebenbilder ihres Gottes wären.>>
(Gustav Sack, Ein verbummelter Student. 1917. S.25-26)

Oder, mein Sohn, so bleiben wir doch beim Vieh – c'est la vie! Bleiben wir in der Nähe der Kühe in Form von Holzskulpturen des Ewald Mataré:
<<Plastik bedeutet Gestaltetes. Die Plastik lebt in wirklichem Raum, die Malerei im vorgestellten, das ist ihr elementarer Unterschied, und wie die Malerei durch das Auge, so sollte die Plastik durch die Hand als etwas

Abtastbares wahrgenommen werden können. Auch ein
Blinder kann eine Plastik genießen, oder ... es ist keine!>>
(Ewald Mataré, Tagebücher 1915 bis 1965)

So richtig auf den Grund der Dinge bin ich jedoch nur
durch Zufall gekommen, denn nach dem Ableben meiner
Tante erbte ich ihren VW-Käfer, ihr Fotoalbum und ihren
fadengebundenen Ahnenpass, der damals nötig war, damit
sie als braune Schwester mit dem Motorrad in der
ländlichen Eifel Krankenbesuche machen konnte.

Gemäß dieses Dokumentes stammen alle meine Vor-
Vor-Vor-Vorfahren   väterlicherseits   aus   den
rechtsrheinisch   wie   linksniederrheinisch   gelegenen
Gebieten, belegt bis ins 17. Jahrhundert.

Besonders pikant war in diesem Zusammenhang die
Erwähnung meines Vaters, dass er mit seiner Schwester
im Motorradgespann vor Wissembourg stand.

Wissen's wie's einfach über die Grenze geht? – und er
sich aus rationalen Gründen entschied, nicht zu fliehen,
um der Einberufung zu entgehen, da eine Sippenhaft
drohte.
Mein Vater zog dann als Gefreiter in den Krieg und kehrte
wieder als Gefreiter zurück.

Nach 1945 wurden die verborgenen Feld- und Waldwege
zum Schmuggeln von Branntwein, Kaffee und Tabak
weiterhin benutzt.

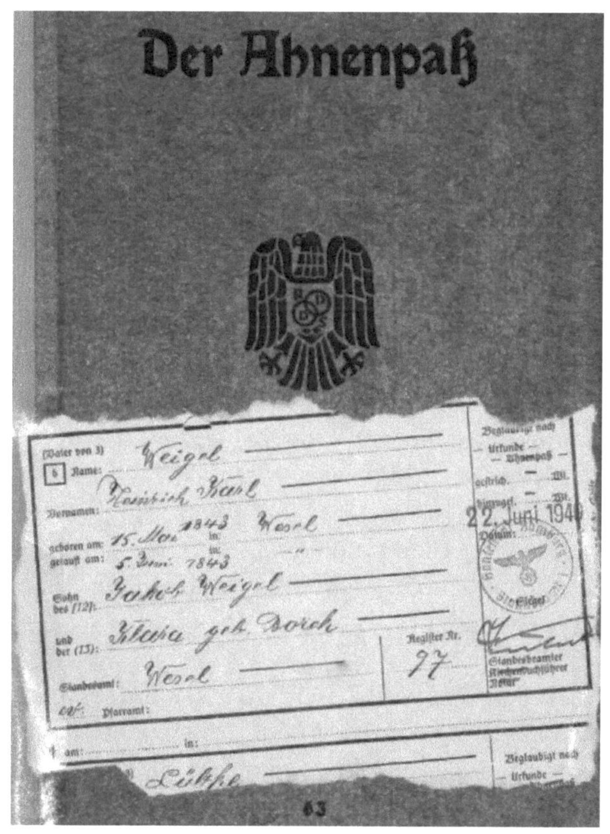

Wissembourg war schon vielmals früher ein Schlupfort, den auch Georg Büchner nutzte, nachdem er einer Vorladung des Friedberger Untersuchungsrichters nicht Folge geleistet hatte und steckbrieflich gesucht wurde. Am 9. März 1835 floh er über Weißenburg = Wissembourg nach Straßburg.

Letztendlich wurden die Balkonbretter mit den Aussparungen die Berchtesgaden-Bretter genannt. Später dann ***Bäachtesgaden-Brettas*** gemäß meiner Revier-Sprache. In Berchtesgaden bin ich bis dato nie gewesen.

Doch ***Bäachtesgaden*** verfolgt mich bis in diese Zeilen, die ich gerade niederschreibe, denn im Ort von Marktoberdorf sah ich neben dem Eingang einer Tischlerei namensgleiche spezielle Holzbretter, ausgestellt für den Bau oder für die Reparatur eines Balkons und, auf einem Informationsblatt ausgelobt als robust und stabil, dazu unbehandelt und naturbelassen. Ganz wichtig: Holz ist ein Naturwerkstoff, wozu Abweichungen in Farbe und Maserung, wozu auch kleinere Harzgallen und Astbildungen, unbedingt zum natürlichen Charakter gehören und keinen Mangel am Produkt darstellen!

Gerade diese vielschichtigen Komponenten erkenne ich, wenn ich den Balkon betrete. Nur das Winterwetter hindert mich daran, mit einem ins Wasser getauchten Pinsel erneut die Bretter zu streichen, um dabei neue Holzwelten zu kreieren, die nach dem Abtrocknen meine emsige Tätigkeit erneut fordern. In der Tat, ich war damals ein kleiner glücklicher Sisyphos!

Im nächsten Moment schaue ich wieder durch die herzförmige Aussparung in der rustikalen Balkonbalustrade, hänge meinen Blick an eine einsame Wolke, um mit ihr durch den blauen Himmel zu segeln, weit fort in das Reich der Erinnerungen und der Träume – so weit, dass ich plötzlich um mich blicke und mich frage:

Wo bin ich?

Ich bin wieder im kleinen Häuschen meiner Oma.
Im kleinen Holzhaus, das ich geerbt habe.

Wo meine Erinnerungen wieder wach werden, die ich in besonderen Erzählsträngen niederschreiben will, wobei ich kein Dogmatiker der Linearität bin, denn hier wird Geschichte nicht mit einem Erzählstrang stranguliert, nein, sie ist vielmehr auf Vielfalt konzentriert und damit dezentriert in der Vielschichtigkeit dieser Welt, die ich hier couragiert collagiere.

II
NIEDERSCHRIFT
IM AUGUST 1978

Kaum

zu glauben, dass meine letzte Niederschrift zehn Jahre zurückliegt!

Zehn Jahre, die wie im Flug vergangen sind.

Zehn Jahre, die Studium, Doktorarbeit, Assistenzzeit und Praxisgründung beinhalten.

Zehn Jahre, die neue Erinnerungen, Träume und sich ändernde Sichtweisen erfuhren.

Hier und jetzt definiere ich den kleinen feinen Wohnraum als "A Room Of One's Own" – "Ein Zimmer für sich allein", während meine Gedanken sich fokussieren. Da wurde im Gefolge der 68er-Bewegung aus dem im Jahr 1929 von Virginia Woolf veröffentlichten Essay zuerst ein Klassiker der feministischen Literatur, doch ihr Text kann noch mehr, denn er ist auf kein Geschlecht festgelegt.

Nun ja, es geht bei Woolf um Frauen, die selbstbestimmt und selbst- verantwortlich agieren wollen. Und diesen Freiraum, dieses eigene Zimmer, in dem man eigene Entscheidungen trifft, nennt man Selbstständigkeit.

Selbstständigkeit, das ist jetzt der berufliche Zustand, in dem ich mich befinde, nachdem ich den Mut fand, mich meines eigenen Verstandes zu bedienen in Kombination von eigenem Können, eigenem Talent und den eigenen spezifischen Fähigkeiten.

Meine Selbstständigkeit heutigentags erfahre ich als eine gesuchte Form abweichenden Verhaltens, weil doch um mich herum die staatlichen Organisationen in der gegenwärtigen Form immer noch viele Mitarbeiter brauchen, die kein eigenes Zimmer wollen, sondern lieber in den Großraumbüros der Gesellschaft Platz nehmen wo im Ernstfall niemand für Bockmist zur Verantwortung gezogen wird. Als Praxisinhaber stehe ich voll in der Verantwortung meines eigenen Tuns, und mit diesem Bewusstsein startet nun jeder neue Praxistag.

Und wenn noch im Begleittext die Politik den Mund im Zusammenhang mit Selbstständigkeit aufmacht, dann ist wahrlich nichts Gutes damit verbunden. Entweder in Form permanent produzierter neuer Richtlinien oder beim Versuch der Integration der zwei Millionen Selbstständigen in die öffentlichen Rentenkassen. Da bin und bleibe ich grundsätzlich misstrauisch.
Man will mir Gutes? In Deutschland? Durch die Politik?

Das ist kaum zu glauben, denn die Politik misstraut den Nichtorganisierten, weil im Korporatismus randständig und weil Individualität als Abweichlertum gilt. Somit bedeutet Selbstständigkeit aus politischer Perspektive nichts anderes als Kontrollverlust, weil Teams und Gemeinschaften sich leichter steuern und kontrollieren lassen: Du bist so gut, wie wir dich lassen!

In Abänderung halte ich für mich selber hier und jetzt fest:
Ich bin so gut, wie meine Fähigkeiten mich tragen!

Das Häuschen diente mir in den vergangenen Jahren als Abstecher und als Zwischenstation bei meinen automobilen Ausflügen, wozu die Schweiz, die Provence, die Côte d'Azur und Frankreichs großer Osten, Nordspanien und Norditalien gehörten, und wobei mehr und mehr die Erkenntnis wuchs, dass nach einer allgemein zugenommenen Motorisierung neue Ziele vornehmlich mit neuen Transportmitteln, also mittels Flugzeug und Schiff, entdeckt werden sollten.

Konträr erkenne ich jetzt in meinem bodenständigen Häuschen in seiner schönen Voralpenlage ein Juwel für einen neuen Typ Feriensuchender in einem individuellen Ferienhaus – und sei es noch so klein!

Auf jeden Fall wird es baldigst angeboten durch eine zukunftsorientierte Agentur und, kaum zu glauben, da entpuppte sich der Riese Max als Mitinhaber eines neu gegründeten touristischen Vermittlungsbüros.

Meine finanziellen Mittel erlauben eine dementsprechende notwendige neuzeitliche Ausstattung mit einer ausziehbaren Sitz/Schlafcouch, mit einer kleinen Küchenzeile, mit einem Sanitärblock, bestehend aus Waschbecken, WC und Dusche, und darüber hinaus mit kleinteiligen Gartenmöbeln nebst Sonnenschirm. Und als Joker habe ich den Riesen Max als meinen Gewährsmann vor Ort.

Da der Beginn meiner selbständigen Tätigkeit erst ein dreiviertel Jahr zurück liegt, kann ich mir nur zwei Wochen Ferienzeit leisten, in der jetzt meine zweite Niederschrift erfolgt. Das läuft stressfrei ab, so denke ich, denn ich habe mir bereits hilfreiche Notizen gemacht.

Unweigerlich werden wieder meine memorierten häufigen Reisen mit dem Zug zusammen mit meiner Mutter zwecks Besuches bei Oma und Opa den jetzigen Anschluss sowie die Fortsetzung bilden, rasant und turbulent, und zusätzlich mit einer neuen wahr gewordenen Erkenntnis wie Wirklichkeit, die das Wort Heimat beinhaltet, meine Heimat, mein Revier in der Mitte von WIR.

Dokumentiert in der nachfolgenden Niederschrift als eine Retro-Ruhrgebiets-Hommage in einem avantgardistischen Tagebuch-Prosastück.

Aus

dem VW-Bully trage ich folgende Gegenstände ins Haus:

Ein 25-Kg-Bündel Briketts. Sodann meine zwei Koffer, meinen gesteppten Schlafsack, diverse Essensvorräte, zwei Bierkästen der Essener Stauder-Brauerei, meine bewährte ADLER-Kofferschreibmaschine, meine kompakte Stereoanlage mit einem Satz meiner Lieblings-LPs, mein portables Farb-Fernsehgerät und zum Schluss meinen Mini-Kühlschrank.

Es folgen noch vier Camping-Klappstühle mit einem dazu passenden zerlegbaren Tischchen, das ich unter dem Apfelbaum gruppiere, der als Schattenspender und als Ersatz für einen Sonnenschirm dient.

Sodann bearbeite ich gründlich den Boden mit dem Kobold-Staubsauger und stoße dabei gegen die vorspringende Holzwand mit einem losen Brett, vor dem das Feldbett steht. Ich löse das Brett und drei weitere aus den Verankerungen und stelle sie beiseite.

Dicht dahinter steht die gezimmerte und gekennzeichnete Holzkiste, mit der meine Urgroßmutter, meine Großeltern mit Tochter, also mit meiner Mutter, gleichwohl mit ihren am Körper übereinander getragenen Kleidungsstücken als Heimatvertriebene aus dem Sudetenland ihre Flucht antraten und hier in Marktoberdorf, im hügeligen Voralpenland, strandeten.

Die Holzkiste will ich gleich in den VW-Bully

Verbringen, denn sie soll nach meiner Rückkehr bei einem Restaurator aufgearbeitet werden.

In ihrem Inneren ist in der Mitte einer Querlatte, die der Deckelverstärkung dient, ein Spalt zu erkennen. In der Tat handelt es sich aber um eine meisterhafte Einlegearbeit der gleichen Holzart, die jetzt erst nach vielen Jahren, in denen das Holz arbeitete, gut erkennbar ist.

Auf Nut und Feder gearbeitet, ist das Holzstück zur Seite wegschiebbar und die flache Aussparung darunter in der Stärke von Goldmünzen bildet ein ausgeklügeltes Versteck, ein elegantes HIDE-AWAY, eine BOÎTE À MYSTÈRE. Andere Goldmünzen fanden eingenäht in Wintermänteln ihren Weg ins Allgäu, waren hilfreich beim Tausch gegen Essbares, wurden eingeschmolzen für die Eheringe meiner Eltern, und nur zwei verbliebene Münzen sind mir teure Erinnerungsstücke.

Ganz in Gedanken bestücke die Schreibmaschine mit einem neuen Farbband und mit einem DIN A4-Blatt und ich lasse sie sodann klappern und klingen beim reißenden Fluss meiner weiteren Erinnerungen.

Die

Zeit zur Niederschrift ist jetzt gekommen, und die Zeit ist wieder auf meiner Seite.

Bahnsteige!
Bahnsteige!

Mit zunehmender Häufigkeit, zumindest seit Beendigung der Grundschule in der Dortmund-Aplerbecker Mark, in einem roten Ziegelgebäude, das fußläufig auf dem Hinweg und fußläufig trödelnd auf dem Heimweg zu erreichen war.

Ein besonderer Anlass zum Trödeln war einmal in der Woche unser Rollmopstag, an dem Ernst-Ulrich und ich uns an der "Bude umme Ecke" ein Brötchen und einen Rollmops kauften. Der erste Biss ins Brötchen erfolgte mit Heißhunger ins spitze Ende. Dann pulten wir die weiße fluffige Krume heraus und füllten den Hohlraum mit dem Rollmops, der vorher von seinen Holzstäbchen befreit wurde – und fertig war das Rollmopsbrötchen!

Natürlich blieb es beim ersten Biss nicht aus, dass aus dem gequetschten Rollmops die Lake aus Essig und Salz über Kinn und Finger rann.

Na und?
Jedenfalls diente die nächstgelegene Regenpfütze zuallererst dem Aufschäumen von Brausepulver im Tütchen und erst nachgelagert einem Reinigungsschwenk der Fingerspitzen in der Wasseroberfläche.

Bahnsteige!
Bahnsteige!

Mit zunehmender Häufigkeit, zumindest seit Beendigung der Grundschule in der Dortmund-Aplerbecker Mark, nach Beendigung von vier Schuljahren, wobei in sehr übersichtlicher Art und Weise die Erstklässler links unten starteten und sich im Uhrzeigersinn nach oben bis zur vierten Klasse hocharbeiteten.

Das Gebäude vermittelte trotz Lehranstalt solide Geborgenheit und stielte ein für den weiteren geraden Lebensweg, so zumindest war mein damaliges noch unreflektiertes Empfinden und, erst viele Jahre später verstand ich als Erwachsener einen Wandspruch, dazu noch exotisch aus Indien – aha! Aus einem fernen exotischen Land, das ich mir später unbedingt ansehen wollte.

<<Solange Kinder klein sind, gib ihnen Wurzeln. Wenn sie älter geworden sind, gib ihnen Flügel!>>
(indisches Sprichwort)

Soso!

Auch im Archiv wurde ich fündig, was den besonderen Charakter dieser Schule hervorhebt:

<<Das Hauptgebäude der Aplerbecker-Mark-Grundschule wurde 1906 erbaut und war für die damaligen Verhältnisse gut und modern ausgestattet. Am 15.06.1906 wurde dieses neue Gebäude an der Schwerter Straße eingeweiht.>>

<<Herrlich gelegen am Rande der Aplerbecker Schweiz, umgeben von duftenden Gärten und wogenden Feldern erhebt sich der stattliche Bau, ein Ehrenschmuck unseres Dorfes, bis heute als schönste Schule unseres ganzen Amtes.>>

Und wieder:
Bahnsteige!
Bahnsteige!

Nunmehr permanent bei den Zugfahrten von Aplerbeck-Süd nach Hörde, dem nächsten Stadtteil mit der höheren Schule, wohin ich allerdings alleine fuhr, denn Ernst-Ulrich hatte die Aufnahmeprüfung nicht bestanden, weil er Bär und Strom und Schwur mit einem "gedehnten h" geschrieben hatte.
Er durfte nach einem Wiederholungsjahr die Aufnahmeprüfung erneut machen, was aber keinesfalls zu einem Abbruch unserer gemeinsamen nachmittäglichen Aktivitäten führte.

Ganz im Gegenteil!

Denn ich konnte jetzt auf meinem erweiterten Schulweg Diabolo-Munition für die Luftpistole besorgen, die nach Gebrauch wieder exakt im Kellerregal abgelegt werden musste, damit sein Vater nicht auf abwegige Gedanken kam, von denen wir überschäumten wie Tütenbrause im Pfützenwasser.

Ein langer Sommer neigte sich dem Ende entgegen, nachdem in der Nachbarschaft einige Glühstrümpfe der Gaslaternen erlegt und diverse Wespennester am Bahndamm ausgeräuchert worden waren und die Kartoffelernte mit Kartoffelfeuern auf den Feldern die dunkle Jahreszeit einläuteten, als Ernst-Ulrich eher beiläufig bemerkte, dass sein Vater eine beruflich bedingte Versetzung erwähnte. Eine Bemerkung, die jedoch beim Drachen steigen lassen und beim Pflügen des Ackers von Bauer Watermann ausgeblendet wurde, während unsere Drachen im Gleichklang durch eine plötzliche Windböe im steilen Seitwärtsflug zu Boden gingen. Zum Einholen der schräg im Boden steckenden Papierflieger liefen wir über den frisch gepflügten Acker, begleitet vom Geschimpfe des pflügenden Bauern, dem eine kriegsbedingte Macke nachgesagt wurde. Diese Tatsache nutzten wir keck aus mit der Frage, ob wir beim Pflügen auf dem Trecker mit aufsitzen dürften.

Durften wir!

Nach zwei gezogenen Furchen meinte der Bauer, wir wären jetzt reif fürs Pflügen.

Na und ob!

Immer schön in der Rinne und damit in der Spur bleiben und kräftig Gas geben. Am Ackerrand auskuppeln und bremsen. So betrachtet, waren das unsere ersten Fahrstunden, waren der Auftakt für den späteren Moped- und Autoführerschein, der damals auch das Treckerfahren einschloss.

Und wieder:
Bahnsteige!
Bahnsteige!

So auch im nahen Winter beim ersten spärlich gefallenen Schnee, nachdem der voll beladene Möbelwagen mit Destination einer Stadt in Süddeutschland abgefahren war und Ernst-Ulrich mit Mutter und mir auf dem Bahnsteig standen – für einen Abschied für länger oder gar für immer?

Wie weit vormals, als eine in mir hochkriechende würgende Ahnung den Hals und die Magengrube schnürte, als in der zerbombten Dortmunder Innenstadt der voll beladene Möbelwagen mit dem Ziel eines grünen Vororts am äußersten Stadtrand an der Grenze zu Schwerte abfuhr und ich Harold, meinen besten Kindergartenfreund winkend zurück ließ – für einen Abschied für länger oder gar für immer?

Für immer!

Für immer aber blieben die Erinnerungen an gemeinsam Erlebtes, denn die zerbombte Innenstadt war für uns ein riesiger Abenteuerspielplatz, den wir nach Beendigung des vormittäglichen Kindergartenaufenthaltes an langen nachgelagerten Nachmittagen eroberten.

Wir durchkämmten eingestürzte Keller und durchwühlten Schutthaufen – und von einem besonderen Schutthaufen erzählte mir mein Vater, vom Schutthaufen seines Elternhauses, in dem die Erinnerungen an seine wenigen persönlichen Dinge und an die besonderen familiären Begebenheiten begraben liegen. Eine damalige für mich unvorstellbare Konstellation, doch gerade deswegen wollte ich diesen Schutthaufen unbedingt sehen!

Der war aber schon weggeräumt für einen Neubau, als mich mein Vater mitnahm in jenen Teil der Innenstadt, von dem er in meiner Erinnerung selten erzählte, und wenn, dann eigentlich nur von seinen Jugendstreichen: Vom nahegelegenen Geländer der Möllerbrücke, auf dessen Mittelpunkt ein Granit-Pflasterstein darauf wartete, exakt im richtigen Moment heruntergestoßen zu werden, um im fauchenden Schornstein der ankommenden Dampflokomotive zu verschwinden.

Und diese handlichen Steine waren wenig später die Munition für unsere Revierkämpfe.

Straße links gegen Straße rechts vom Hellweg.

Danach gemeinsames Abfackeln von Bahndämmen.

Immer wieder Feuer.
Brennende Gummireifen.
Brennende rollende Gummireifen.
Riesenfeuer inmitten von Trümmerlandschaften mit
freiliegenden Kellern.
Dauerfeuer in Aschentonnen bis zur Rotglut.
Danach gemeinsame Streifzüge durch die
Straßenschluchten.
Kippen sammeln.
Eckstein und Overstolz.
Ohne Filter.
Schrott sammeln:
Pfennige vom Klüngelskerl.
Umgesetzt in Bömskes, Brausepulver in Tütchen und
Lakritzstangen.
Morgen treffen wir uns wieder.
Gelobt sei was hart macht!
Lebertran und Pumpernickel.
Sauerampferblätter und Rotdornblüten.
Verbotene Orte.
Grusel-Zonen in Kellern ohne künstliche Beleuchtung.
Spärliches Tageslicht durch Kellerschächte und
Mauerrisse.
Gestampfter Lehmboden.
Lattenroste und Spinnweben vor Mauerdurchbrüchen zu
Nachbarhäusern.
Einstieg im Keller der Lippstädterstraße achtzehn und
Ausstieg im Hinterhof der Manteuffelstraße sieben, wo in
einer Kellerwohnung einer der Jungs mit Mutter und Oma
wohnt.

Patronenhülsen, Rattengift, Schimmel, Mäusekot und tote Katzen.
Tauben im Nähzimmer der zweiten Etage.
Hinten offen ohne Fensterwand.
Die Singer singt nicht mehr.
Triumph und Adler abgestürzt.
Milchholen mit Milchkannen.
Milch abkochen, kurz sprudelnd.
Klappern des Milchwächters aus Porzellan.
Impfungen gegen Diphterie, Keuchhusten und Scharlach.
Schlange stehen.
Unendliche Suppenvariationen.
Muckefuck.
Morgen wird's besser!
Ovomaltine.
Neue Abenteuer zwischen Bahndamm, Baracken, Bunkern und Trümmern.

Blindgänger.
Sirenen.
Warnung und Entwarnung.

Und zwischendurch der Ausbruch in eine andere Welt.

Bahnsteige!
Bahnsteige!
Schon wieder Bahnsteige!

Endlos lange Zugfahrt zu den Großeltern, gestrandet
im Bayernland als Heimatvertriebene. Viele wunderbare
Sommertage im ländlichen Voralpenparadies.
Kühe, Schweine, Truthähne, Kornfelder, Wiesen, Würste,
Senf, Traktoren, Heureiter, Schwalben, Laugenbrezeln,
Kümmelbrot, Dorfbrunnen, Feuerwehr, Pusteblumen,
Plumpsklos und Gladiolen, größer als ich.

Und rundum Rumpelbrocken und bajuwarisches
Geschwätz.

Kannitverstan!

Baumlange Neger in schneidigen Uniformen, in offenen
Jeeps.

Geknödel.

Kannitverstan!

Bubblegum und Coca-Cola.

Rückfahrt ins Ruhrgebiet.

Bahnsteige!
Schon wieder Bahnsteige!

Umsteigen auf Bahngleisen.
Dahinter zugemauerte Tür- und Fensterfronten.
Dazwischen Lichtstreifen in Kellerschächten.
Daraus Lustschreie und Gesänge.
Streunende Hunde.
Abgemagert.
An scharfen Ecken quietschen ihre dünnen Häute.
Schlafende Gestalten mit Sack und Pack in Bahnsteig-
Unterführungen.
Stinkende verqualmte Bahnhofskneipen.
Pfeifen und Rattern des Nachtzuges.
Schlummern unter Mutters Mantel.
Endlich angekommen!

Neue Feuer mit Harold und den anderen Jungs.
Brennender Fahrradschlauch.
Brennend in Kniekehle klebend.
Erste Fahrt im Taxi Typ 190 Ponton.
Liegend auf der Rückbank.
Der Dieselstinker.
Das Nageltier.
Die Umbettung auf Trage an Rampe.
Die Notaufnahme.
Die Bahnen gleißend heller Neonröhren über mir, endend unter einer hyperstrahlenden runden OP-Leuchte.
Und dann:
Lachgas!
Blick durch einen Schleier.
Getrappel und Klappergeräusche.
Übelkeit und infernalische Schmerzen.
Aaah!
Haben die Weißkittel am Betäubungsmittel gespart?
Haben die Weißkittel medikamentösen Nachkriegsschrott verwendet?

Jedenfalls imaginiere ich noch heute meinen zimbelhellen Schmerz bei jedem Schnitt und bei jedem Nadelstich!

Derweil der nächste Stich ins Hirn geht, denn der Neubau eines Einfamilienhauses am Rande der Stadt beginnt. Meine Zeit mit Harold im urbanen Nachkriegs-Spielplatz einer bizarren Landschaft aus Trümmern und Schutt ist abgelaufen, während sich die neue Zeit einschleicht beim Sammeln von Zeitungsinformationen durch meinen Vater.

Bei einem langen Lidschlag sehe ich mich, eingefahren in ein graues Wintermäntelchen mit Gürtel und mit einer Bommelmütze als Kopfbedeckung, wie ich nach der Hand meines Vaters greife und wie wir in Richtung der öffentlich ausgestellten Zeitungsseiten in Schaukästen aufbrechen, vermutlich, um mich vom Verzapfen weiteren Blödsinns abzuhalten.

Das Fahrgeld für die Straßenbahn wird gespart, wir gehen zu Fuß.

Ich trotte eher lustlos an seiner Hand stadteinwärts in Richtung Ostentor, vorbei am Kaiserviertel östlich der ehemaligen Wallanlagen Dortmunds, dem heutigentags judikativen Schwerpunkt der Stadt.

Links und rechts der Straße zerbombte Häuserzeilen, viele Fassaden ohne Dächer.
Die Fensterrahmen wie Kreuze am Himmel, dahinter der blutrote Sonnenball.

Nunmehr quengelig trabend, da mir die Wegstrecke unendlich lang erscheint.

Endlich, am Ziel angekommen, erscheinen die ausgestellten Zeitungen in Schaukästen auf Ständern. Und zwar in doppelseitigen Schaukästen hinter Glas, die derart hoch sind, dass ich darunter durchsehen kann und auf der anderen Seite das gleiche Bild, die gleiche Konstellation von Vater mit Sohn an der Hand, vorfinde.

Kein Wort kommt über unsere Lippen.
Sprachlos blicken wir durch uns hindurch.

Sprachlos blicken wir in die Zukunft.
In welche?

Mein Blick geht zeitnah zum voll beladenen Möbelwagen mit dem Ziel eines grünen Vororts am äußersten Stadtrand von Dortmund, dicht an der Grenze zu Schwerte.

Mein Blick im Tränenschleier, als Harold, mein bester Kindergartenfreund, winkend zurückbleibt, aus dem Felde geht und verschwindet – für einen Abschied für länger oder gar für immer?

Für immer!

Nunmehr verpflanzt in eine abgelegene beschauliche Welt mit Natur pur: Mit dem Lachen des Grünspechtes, dem Ruf des Kuckucks, dem komplexen Gruppengesang der Zaunkönige, dem Gurren der Tauben, dem Burren aufgescheuchter Rebhühner sowie dem heiseren rauen Ääätsch der Bekassinen, dem Meckern der Ziegen, dem Hühnergegacker und dem Hahnenschrei, den hellen Lauten unseres wildernden Dackels, der einer Fährte folgt sowie den monotonen Motorgeräuschen von Treckern und Landmaschinen in der weiten Flur.

Allerdings ohne "Kurze Wege – Mittelfeld" wie in Anlehnung an die bekannte Fußballregel, und ohne Schutthügel, ohne Trümmergrundstücke, ohne Sirenen und ohne Baracken, dafür aber mit einem benachbarten baufälligen Gebäude, um das die Mauersegler mit einem schrillen Siriiih ziehen, um ein ehemaliges altes Schulhaus, in dem jeweils eine Familie in einem Klassenraum wohnt.

(In dieser alten Schule der Aplerbecker-Mark wurden die Grundschüler aus der Mark von 1869 bis Juni 1906 unterrichtet. Im Juni 1906 begann der Unterricht in der neu gebauten Volksschule an der Schwerter Straße, s. oben. Das alte Schulhaus blieb Eigentum der Gemeinde. Die Räume wurden als Behelfswohnungen genutzt, wobei das Gebäude der Stadt als "Armenhaus" diente bis zum Abbruch 1967).

Aha!
Behelfsbehausungen.
Mau-Mau mit Blagen wie die Orgelpfeifen.

Mit Rotze-Stickern in beiden Nasenlöchern.
Umar, Liskiewicz, Schmolke, Durchleuchter und Merkel.

Merkel, der Lichtblick!
Ganz oben, auf dem Dachboden, wohnt Heinzi Merkel,
knapp ein halbes Jahr älter als ich. Ein rollender
Wonneproppen mit rosiger Haut und mit Spitznamen
Merkel-Ferkel.

Wohnt dort mit Mutter, die meistens solo ist, weil
Vater Merkel als Tagelöhner und Wanderarbeiter
unterwegs ist.

Die Zimmerwände bestehen aus rohen Lattenrosten,
hoch darüber die schwarzen Dachsparren und Dachziegel
mit Dachausstiegsfenster. Braune Wolldecken als
Portieren und das einzige senkrecht stehende Fenster im
Giebel geht auf unser neu gebautes Haus. Hängt ein
Handtuch heraus, ist Heinzis Mutter aushäusig und der
Dachboden ist sturmfrei.

Heinzi!
Schulschwänzer, Sitzenbleiber, jedoch ein genialer
Mopedschrauber im Schlepptau von Erwin Durchleuchter,
der im ersten Lehrjahr sein Geld eisern für ein gebrauchtes
Moped spart. Im Anbauschuppen hinter der alten Schule
neben den sechs Plumpsklos mit fauligem Gestank
konkurrieren blaue Auspuffwolken aus dem Auspuff
seiner Kreidler Florett, wo auf dem Tank das Abziehbild
PAN mit PANFLÖTE prangt.

Auf dem PAN-Tank sitze ich, bin von hinten
umschlungen von Erwins Affenarmen für seinen Griff an

den Lenker und Heinzi hinten muss aufpassen, dass er nicht von der Sitzbank rutscht.

Eine Runde im Hof geht es im Slalom um Hühnerstall und Kastanien und dann braucht Erwin unbedingt eine Fluppe, dessen Rauch er uns ins Gesicht bläst, denn er, der Erwin, raucht "auf Lunge", wie er uns verklickert.

Pan, Panflöte, Plumpsklo und Potzblitz.

Potzblitz!
Mein Tach beginnt mit einem Plattfuß.

Meint Milchmann Willi, als er am sehr späten Nachmittag
an der Haustür klingelt.
Langer, du!
Scheiß Tach heute!
In der Tat, die Milch ist sauer.
Wir alle sind sauer.
Aber so richtig sauer sind wir denn doch nicht.

Denn unser Willi, na ja, auch wenn er mit *mich* und
mit *Ihnen* auf Kriegsfuß steht, und er dann meint *es ist
besser für mich und für Ihnen*, also wirklich, unser Willi,
na ja, auch wenn er seinen Milchzettel zu seinem Nachteil
addiert, auch wenn er konsequent am Heiligen Abend kurz
vor der Bescherung angesäuselt anklingelt und einen
klaren Schnaps zum Fest fordert, auch wenn er unseren
Dackel ein schwarzes Mistviech nennt und mich Langer
nennt, Langschüler nennt, na ja, Willi hat den Schuss erst
dann gehört, als sein Führerschein wegen mehrfacher
Trunkenheit am Steuer eingezogen wurde und das
Ordnungsamt seinen verunreinigten Milchtank
konfiszierte.

Alsbald trifft man sich wieder: Der Willi, der Heinzi,
der Umar, der Liskiewicz und ich, der Lange, der Langschüler, der im Alter von sechzehn Jahren in den
Schulferien sein erstes Geld verdienen will.

Man trifft sich in der Magnetfabrik in Aplerbeck als
ungelernte Hilfsarbeiter. Bei Vollbeschäftigung ist
Schicht rund um die Uhr angesagt. Früh- Mittags- und
Nachtschicht im Wechsel, während meine blonde Flamme
im Büro arbeitet und mich beizeiten mit ihrer gebrauchten
Knutschkugel, einer BMW Isetta, gleich Rollermobil,

überrascht. Das blonde Gift meistert vier nicht synchronisierte Vorwärtsgänge, die zum schonenden Zurückschalten sowohl Zwischenkuppeln als auch

Zwischengas verlangen, und auch beim Hochschalten sind kleine Schaltpausen und Zwischenkuppeln von Vorteil. Der Schalthebel liegt links, von wo die Schaltbefehle über ein kompliziertes Gestänge und einen Seilzug an das Getriebe gelangen. Wie schön, da war die rechte Hand frei für Händchen halten…Und man frage nicht nach Sonnenschein!

Ein echter Lichtblick nach der Schichtarbeit, die körperlich trotz Akkordmaloche keine Ansprüche stellt, geistige eh nicht, und immer im gleichen eintönigen Rhythmus abläuft. Geredet, eher geradebrecht, wird nur das Notwendigste in rumpelnden deutschen Sprach-Brocken, die der Umar, der Liskiewicz und die drei

Italiener hervorbringen. Egal, die Arbeit geht Hand in Hand, die Arbeit, und nur die Arbeit eint und verbindet und zählt.

Auch der Gang zur Meisterbude, wo die wöchentliche Lohnabschlagszahlung in der Lohntüte abgeholt wird, um einige Mark gleich anschließend in der Kneipe gegenüber in Bier und Schnaps auf den Kopf zu hauen, und wo nicht selten die Frauen mit ihren quengelnden Blagen auftauchen und von ihren Männern laut zeternd das Wirtschaftsgeld einfordern.

Die neu gewonnene Mobilität vermittels des Rollermobils mit Flamme kommt nicht so richtig in Fahrt. Irgendwie ist der Schwung dahin, denn ich bin derart geschlaucht nach den drei Wochen Schichtarbeit, sodass bevorzugt das lange Schlafen und das Wiedereinfinden in einen geregelten Tagesrhythmus angesagt ist, während in mir die Gewissheit keimt, dass Schichtarbeit gleich Scheißarbeit ist.

Jahre später, während des Rigorosums als Form der mündlichen Prüfung im Promotionsverfahren an der Universität, habe ich diese schon sehr früh erahnte Erkenntnis wiederum verbal einfließen lassen, da die Prüfung eine umfassende Erörterung zum Thema Arbeitsmedizin beinhaltete, angefangen bei der Klärung grundlegender Begriffe wie Arbeits- und Berufsunfähigkeit – bis hin zu umfassenden Darstellungen arbeitsphysiologischer Mechanismen, von

Berufskrankheiten, ebenso von Hinweisen zur Betriebshygiene oder zur Ergonomie.

……..So! So!
Sie haben schon als Schüler Erfahrungen mit Wechselschichten gemacht.
Ja! Ja!
Das Ruhrgebiet hat es in sich.

……..Aber hallo!
Da geht es jetzt wieder schnurstracks hin.
Da geht es nach sechs Jahren gefühlter Münsteraner Diaspora wieder zurück ins Ruhrgebiet, nach Hause, in die Heimat.

Erst mal ein richtiges Dortmunder Bier zischen und dann Tacheles reden.

Und die Anstellung ist auch schon geregelt.

Habe Nägel mit Köppe gemacht, zack und zack, zwei Huhn, zwei Gänse!

Ein sibyllinisches Lächeln bleibt ihm im Gesicht gefroren, ihm, dem Hochschullehrer alt eingesessener Münsteraner Herkunft, einem Paohlbürger, wie ich in diesem Moment eher pejorativ konstatiere.

Lichtblicke und Weitblicke waren in diesen besonderen 1964er Osterferien angesagt, denn ein "Mittlerer Schulabschluss / Sekundarabschluss I" führte zur Ausdünnung unserer Klassenstärke.

Ausgerechnet drei Klassenkameraden sind darunter, mit denen ich es gut kann, die praktisch, quadratisch und modern denken und konsequent und zügig ihre beruflichen Vorstellungen realisieren wollen, wobei der weitere Gymnasialabschluss im Wege steht.

So meint Norbert, Nobbi genannt, der auf Edelstahl abfährt und so denkt auch Peter, ein Verdrehter, der alle Autotypen aus dem Effeff buchstabiert, ebenso Helmut, Hömmuht gerufen.

Dieses Trio ist bereits auf ihren Hobeln unterwegs und, mit meinem bei Heinzi und Erwin abgeluchsten Schrauberwissen, sind *Wir Vier* ganz schön stark nur unter uns zusammen.

Zweifelsohne, da ist noch zusätzlich das Verbindende der Umgangssprache, sehr wohl geprägt durch die Sprache der Straße, wobei ich einen Heißen vom Leder ziehe, dem jeder im Trio ohne Wenn und Aber im Maßstab 1 zu 1 folgt.

Und das Zurückswitchen in die Normal- wie Hochsprache ist kein Problem!

Heutigentags gilt dieser Umstand bewusst definiert als Sprachkompetenz einer Variantenwahl zwischen Hochsprache und dem Beherrschen des lokalen Dialekts, der Ruhrgebietssprache. Immer voll auf Scheibe sein und wohl wissend, dass je nach Anlass, innerhalb eines

Gespräches oder aufgrund eines aktuellen Anlasses, mundartlich gewechselt werden kann und dabei souverän beide Varianten bedient werden, so richtig nach dem Motto:

Wir können alles.
Hier.

Doch in Dortmund sagt man *woll, nicht wahr* – aber in Bochum und Bottrop *nich, ne*?

Na, wie kommt das?

Damals noch unreflektiert als Besonderheit hingenommen, doch heutzutage gilt dieser Umstand bewusst definiert als die sprachliche Wollgrenze im Ruhrgebiet, die damit die sprachliche Variante belebt, so richtig nach dem Motto:
Wir können alles hier.
Na und ob!

So einen Hobel, so eine schnittige Kreidler-Florett, wünschte ich mir insgeheim auch für ausgedehnte Spritztouren, besonders in Richtung des Dortmund-Wickeder Sport-Flughafens, denn in meinen kühnsten Träumen könnte ich doch mit dem Abitur in der Tasche auch eine Pilotenausbildung machen. Derart dachte auch der Mitschüler Wolfgang aus der Parallelklasse des mathematischen Zweiges – und schon waren wir gemeinsam unterwegs, allerdings mit dem Fahrrad, doch mit einer neuartigen 3 Gang Torpedo-Nabenschaltung mit Zugkette.

Diese Übersetzungen einer modifizierten Tretgeschwindigkeit leisteten gute Dienste, denn der Weg zum Luftsportgelände an der Wickeder Chaussee führte durch unbebautes freies Gelände mit häufigen Gegen- oder Seitenwinden.

Doch bevor wir durchstarteten, drehten wir eine Runde auf dem beschaulichen Gelände des KGV FRÖHLICHE MORGENSONNE, bereits im Jahr 1932 gegründet. Die Schrebergartenanlage lag direkt gegenüber von Wolfgangs elterlicher Wohnung in einem Mehrfamilienhaus. Immer machte mir sein Vater die Wohnungstür im Treppenhaus auf.

Vermutlich wollte er wissen, wer seinen Sohn vom Lernen abhielt. Diese Pedanterie schrieb ich seinem Beruf als Lehrer, als Biologielehrer, zu, wobei er zusätzlich nervte mit seinen Kleingartenverein-Elaboraten, weil er ja dort, direkt gegenüber, ein glücklicher Pächter war.

Tja!
Ich fand den Namen einfach lustig. Und Wolfgang und ich schätzten die Abgeschiedenheit auf der Parzelle hinter der Laube für das ungestörte Rauchen einer noch verbotenen Zigarette und, nachdem wir anschließend viele Kilometer in frischer Luft auf unseren Rädern unterwegs waren, rochen wir nicht mehr nach Nikotin bei unserer häuslichen Rückkehr, so dachten wir.

Na gut!

Wenn man in einer Mietwohnung lebt, dann mag es ja angenehm sein, auch einen Garten mit Laube zu haben.

Nur ein Garten mit Laube?
Da lagen die Dinge aber doch etwas anders, wie Wolfgangs Vater oberlehrerhaft abspulte:

Eine wesentliche Aufgabe der Kleingärten ist es, einen Ausgleich zum verdichteten Geschosswohnungsbau zu schaffen, insbesondere bei fehlenden nahegelegenen Grünanlagen. Der Leipziger Arzt Moritz Schreber war nicht der Erfinder der Schrebergartenbewegung, wie landläufig noch immer angenommen wird, sondern nur der Namensgeber. Es war der Schuldirektor Ernst Innozenz Hauschild, auf dessen Initiative der erste Schreber-Verein zurückgeht.

Ursprünglich waren es Armengärten auf Initiative von wohlmeinenden Landesherren, Fabrikbesitzern, Stadtverwaltungen und Wohlfahrtsorganisationen als eine von vielen Maßnahmen, um Anfang des 19. Jahrhunderts des Armenproblems Herr zu werden. Die Parzellen mit der bis heute gültigen Größe von 400 m² wurden für geringe Pacht vergeben. Die kleingärtnerische Nutzung insbesondere zur Gewinnung von Gartenbauerzeugnissen für den Eigenbedarf präzisiert, dass in der Regel wenigstens ein Drittel der Fläche zum Anbau von Gartenerzeugnissen für den Eigenbedarf zu nutzen sei. Es versteht sich von selbst, dass von den Anpflanzungen Obstgehölze und Gemüsepflanzen die größten Gruppen zur Gewinnung von Gartenerzeugnissen sind.

Bo ey!

Bei derart grüner Dauerberieselung, mache ich mir lieber heiße Gedanken über frisierte Kreidler-Florett-Maschinen oder denke an den dummen Spruch: Wer sein Moped liebt, der schiebt! Ha, damit begründete Hömmuht sein Zuspätkommen zum Unterricht. Schieben wegen Spritmangels bis zur nächsten Tankstelle ist doch eleganter als die Ausrede:
Die Straßenbahn hatte einen Platten.

Oder?

Nobbi hat eine Lehrstelle bei Krupp in Essen, Hömmuht geht nach Bochum und will Opelaner werden und Peter macht eine Lehre in der Autowerkstatt seines Onkels in Bottrop.
Drei Postkarten genügen, um ein gemeinsames Treffen an einem Samstag abzusprechen.

Bahnsteige!
Bahnsteige!
Schon wieder Bahnsteige!

Aplerbeck-Süd bis Dortmund Hauptbahnhof.
Umsteigen.
Bochum Hautbahnhof.
Hömmuht steigt zu.

Auf der Fahrt nach Essen immer das gleiche Bild:
Industrialisiertes Land, gesäumt von schwarzen mit Kohlenstaub bedeckten Hängen, wo in nächster Staffel, hart dahinter, die Lichtgarben und die Feuerbälle der Hochöfen wabern und zucken und wo zur Bewachung in

Reih und Glied die Schlote stehen, während Fördertürme dahinter sich mit geisterhaft drehenden Rädern aus dem Bilde stehlen.

Aussteigen.
Essen Hauptbahnhof.
Ausgang Nord.

Am Handelshof als Eingang und Tor zur Einkaufsstadt Essen warten Nobbi und Peter neben ihren blitzblanken frisierten Kreidler Floretts in angesagten grünen Parkas auf uns, wobei auch ich mein baugleiches Anziehteil stolz präsentiere, welches ich mir letzte Woche in einem US-Laden im Nachtjackenviertel der Dortmunder Brückstraße zugelegt habe.

Zur kompletten Konfusion meiner Eltern male ich auf die Rückseite mit einem schwarzen Kuli das Friedenszeichen. Eher befremdet nehmen sie zur

Kenntnis, dass das Friedenszeichen 1958 vom britischen Künstler Gerald Holtom im Auftrag der britischen Kampagne zur nuklearen Abrüstung (englisch: Campaign for Nuclear Disarmament, kurz CND) für den weltweit ersten Ostermarsch von London zum Kernwaffenforschungszentrum in Aldermaston entworfen wurde.

Ahnen sie bereits, wie es weitergeht, in welche Richtung ich tendiere?

Oma jedenfalls schneidet auf meinen Wunsch hin die Schulterklappen ab und näht eher teilnahmslos zwei Wichtelzwerge-Knöpfe an.

Im überwiegend grünen Parka-Look starten wir in Richtung Krupp-Gelände, wo uns Nobbi stolz sein eigenes Zimmer in einem Jungarbeiterheim zeigt. Er hat schon einen Plattenspieler und spielt lautstark die ***Kinks:***

"You Really Got Me!"

Vollverarsche, so tönt er.
Ha, nebenan wohnt eine Schwuchtel.
Eine was?
Ein Homo.
Hoho, was?
Huhu, ein Spinatstecher.
Ein Arschficker.
Hallo, wir machen jetzt aber einen schnellen Abflug, richtig?
Richtig!
Aber hallo!
Voll und ganz richtig!

77

Ab jetzt fahren wir permanent bergab. Ich schätze die Fahrtzeit auf ungefähr vierzig Minuten. Ich genieße die Sitzbank mit weicher Federung der Kreidler Florett.

Ich schätze die Fahrtzeit auf ungefähr vierzig Minuten. Ich genieße die Sitzbank mit weicher Federung der Kreidler Florett.

Nobbi dreht auf bis fast 90 km/h.

Nobbi sagt, der Peter hat den Spruch drauf:

Kommsse nach Bottrop, krisse ein aum Kopp dropp.

Und dann gehen die Wortklaubereien weiter.

Er:

   Kommse nach Gladbeck, klaunse dirs Rad weg.

Ich:

   Kommsse nach Oberhausen, krisse Ohrensausen.

Langer, so isset!

Und da steige ich mal kurz und bündig ins Alphabet bei B wie Bottrop ein, wo es nach Industrie riecht, wo Bottrop stinkt wie ein Furz in der Badewanne und wo Bottrop wahrlich kein Paradies ist, doch man lebt dort, jeder für sich und doch irgendwie zusammen, und was soll's, ein Dorf am Hügel, wie der Name der Stadt sich aus dem mittelalterlichen Namen *Borthorpe* ableitet, war, ist und bleibt bunt einschließlich seiner Umgebung.

War vormals eher ein Flecken mit einigen hundert Einwohnern, denn erst im 19. Jahrhundert setzte mit der Industrialisierung ein starkes Bevölkerungswachstum ein, wobei dort ab 1856 mit Abteufung der Zeche Prosper I der Beginn des Steinkohlenbergbaus startete. Vor allem seit 1880 zogen Werber durch die preußischen Ostprovinzen, um Arbeitskräfte an Ruhr und Emscher zu locken, weil dort die Zechen wie Pilze aus dem Boden schossen, einhergehend mit der Eisen- und Stahlverarbeitenden Industrie. Eine der größten Völkerwanderungen der neuen Geschichte fand statt. Um 1840 lebten in der Ruhr-Region etwa 250.000 Menschen – und heute ist das Ruhrgebiet eines der größten Ballungsgebiete Europas mit seinen fünf Millionen Einwohnern.

Auch Bottrop schwoll an, wurde Großstadt mit Einwohnern, die aus vielen Herren Länder zusammengewürfelt sind.

Ein kurzer Blick nahe der Post in der Innenstadt führt zur Leuchtreklame Schlesischer Wurst, daneben werden polnischen Waren angeboten. Ein paar Läden weiter gibt es Pferdefleisch vom alteingesessenen Pferdemetzger, und es gibt nicht nur Pferdefleisch sondern auch Pferdefleischwurst, eine echte Spezialität.

Beim Einkauf bei Mirek Czeranskis Hinterhof-Schlachterei trifft man auf weitere Urbanskis, die heute Urban heißen und wo aus der Polnischen Sowa die Deutsche Eule wurde.
Mit Sicherheit kommt dann beim Einkauf die Frage:
Darf's etwas mehr sein?
Darf es!
Denn die spezielle Fleischwurst wird nur im abgebundenen kompletten Kringel von ca. 650 Gramm verkauft, wobei der Fleischwurstkranz später in drei oder

vier Teile geteilt und, je nach Hunger, im Familienhaushalt nochmals längs über die Mitte aufgeschnitten wird. Bitte sehr, bei solchen Befindlichkeiten ist dann zu vernehmen:

Hier fühl ich mich wohl!
Hier bin ich groß geworden!
Hier hänge ich weiter ab!
Osteuropa hin, Orient her.
Beide Namen finden sich auf Taxis, an Imbissbuden, an Frisiersalons und an Kiosken. Man lebt querbeet, da sind neue türkische Ankömmlinge, man redet miteinander, man ist im Fußballverein bei Rhenania oder Barispor, und am Wochenende werden Fahnen von Schalke gehisst – schön!

Doch es bleibt dabei:
Bottrop ist kein Paradies und die Prosperstraße führt weiter runter in Richtung Emscher-Kloake. Kurz davor fackeln Kokereien ihr Gas ab. Dort leuchten in der Nacht die tausend Feuer – und es riecht nach Industrie wie Arbeit.

So auch in der Autowerkstatt von Peters Onkel.
Den Geruch von Öl, Schweißgerät, Flex und Co. in Aktion bereichern wir mit blauem Dunst. Peters Tante bringt uns belegte Brötchen und vier kalte Coccas.

Schön, dass ihr nach dem Schulabschluss so zusammenkommt, meint sie.

Klaro, ist doch nur ein Katzensprung von Dortmund nach Bochum und von Essen nach Bottrop.

Ist doch wie im Heimspiel.

Und am nächsten Samstagabend treffen wir uns im Jugendcafé des Fritz-Henßler-Hauses in Dortmund, da soll eine Rockband einheizen und da soll's steile Tussis geben. Im großen Heimspiel.

Im kleinen Heimspiel will meine blonde Flamme mit der Asphaltblase ihren zehn Jahre älteren Bürohengst, äh, Büroleiter, baldigst heiraten.

Baldigst, so betont sie.

Aha, einen angesetzt?

Langer, stell dir mal vor, fürs Heiraten brauche ich die schriftliche Einverständniserklärung meiner Eltern, weil ich erst achtzehn bin, mault sie.

Im kleinen parallelen Heimspiel docke ich in Folge bei mehreren neuen Flammen an, doch die Zeit für diese Sperenzchen wird knapper.

In der nullten Unterrichtsstunde sind wir nur vier Lernwillige. Da wird noch zusätzlich Spanisch unterrichtet, wobei ich angetrieben bin von der Vorstellung, mit vier Sprachen die Welt erobern zu können.

Gleichzeitig explodiert eine neue vielschichtige Welt wie beim Ausbruch aus dem Gehirnknast:

Ich sehe mich im lichten Raum, der dem Unterricht im Fach Kunst dient und, da mir eine künstlerische Laufbahn vorschwebt, habe ich Kunst als Prüfungsfach gewählt.

Habe als Thema die klassische Moderne gewählt mit einer Interpretation von Kandinskys Bild "Schweres Rot", und dabei, ausgelöst durch meine Bemerkung zum braunen Ungeist, der zur Auflösung des BAUHAUSES führte, kam es zum lauten Disput in der Lehrerschaft.

Rückblickend sehe ich sie wieder vor mir, diese Riege steifer, kerzengerader Männer. Daneben, in Augenhöhe und vertreten in gleicher Anzahl, junge Männer, die, salopp gekleidet in Sakkos über Rollkragen-Pullis, gerade mal zehn Jahre älter als unsere Abiturientia einherkamen und irgendwie den gefühlten Status älterer Brüder verkörperten.

Abrupt sehe ich mich danach eingepfercht im Hörsaal bei einer Demonstration gegen Adolf von Thadden, eines deutschen Politikers verschiedener rechtsextremer Parteien und eines langjährigen V-Manns des britischen Auslandsgeheimdienstes MI6.

Somit involviert in Studentenunruhen, die auch in der eher beschaulichen Münsteraner Studentenschaft ankamen, ausgerechnet in Münster, wohin es mich über das Losverfahren verschlagen hatte, unentrinnbar verschlagen hatte, denn ein Studienortwechsel war aus finanziellem Grund nicht möglich.

Praktisch folgten sechs Jahre einer empfundenen neuen Form von Diaspora, unfreiwillig gelebt in einer Minderheitssituation, in der man Ruhris in Reinform suchte und deswegen so oft wie möglich an den Wochenenden ins Revier zurückkehrte.

Die Ohren weit offengehalten, um ein *bo ey*, ein *woll*, ein *Gelsenkiachen* oder ein *kumma da* aufzuschnappen, um so der Heimat nahe zu sein.

Irgendwann klappte es, irgendwann fielen Wortkaskaden wie Licht in silberhellen Säulen vom ruhrigen Sprachhimmel und fokussierten eine neue Konstellation, die später für Dauer aufschlug in der Mitte von WIR.

Ausgerechnet bei "Fittamine!"

Nur 13 Vitamine nahmen damals im Rahmen der Prüfungen im ärztlichen Physikum einen bescheidenen Lernumfang ein, dessen Inhalt sich aus dem dunkelknallroten Lehrbuch der Grundrisse der Biochemie bequem in zwei langen Nächten von Seite 351 bis Seite 380 einverleiben ließ während zielführenden Umblätterns im Lehrbuch mit abgerundeten Buchseiten.

Fremd bin ich eingezogen, befremdet zog ich wieder aus! Besonders nach der Lektüre markanter Inhalte, die sich von ganz alleine unwiderruflich und jederzeit wieder zitierbar eingruben wie das Tocopherol.

Warum?
Weil es als Synonym für Vitamin E sowie als das Antisterilitätsvitamin der Ratte gilt. So!

Und weil mein Kommilitone Hinnerk als Mitbewohnerin eine Ratte hatte. Damit war nun wirklich ein Tier gemeint und nicht seine neue Freundin, die irgendwie rättisch aussah – so dachte ich klammheimlich.

Rättisch!
Zum wiederholten Male ein Hinweis auf präadaptiv vorhandene Eigenschaften einer HomIna erecta mit einem Binnen-I als Markenzeichen. Deswegen, klaro?!

Die Beziehung ging bald auseinander, doch die echte Rättin blieb.
Warum sie Xanti gerufen wurde?
Vielleicht als Kurzform von Xanthippe?

Sie hieß jedenfalls so, als sie in Hinnerks Besitz als Schenkung gelangte – oder eher als Entsorgung, denn sein scheidender WG-Mitbewohner wollte oder konnte sie nach bestandenem Examen aus irgendwelchen Gründen nicht mitnehmen.

Das Lehrbuch als Rezeptbuch/Konzeptbuch besagte:
Ein Tocopherol-Mangel führt beim Versuchstier Ratte zur
Störung der Fortpflanzungsfähigkeit (Degeneration des
Ovariums, Atrophie des Hodenkeimepithels und Sistieren
der Spermiogenese) und des Muskelstoffwechsels.
Die funktionellen Folgen sind Konzeptions- oder
Resorptionssterilität bzw. Abort.
Reines trockenes Lehrbuchwissen!

Ob Xanti nun wirklich eine Rättin war, galt es vor
Beginn eines Tocopherol-Mangel-Versuches zu klären.
Um der Sache auf den Grund zu gehen, war ein Männchen,
also eine richtig geile Ratte, angesagt! Woher nehmen?
Der Wahnsinn lauerte in der Kleintierhandlung, wo sonst?

Guten Tag!
Ich suche als Überraschungsgeschenk für meinen
tierlieben Neffen eine männliche Ratte.

Männlich?

Unbedingt!
Männlich und hochpotent!

Äh, ich arbeite hier in den Semesterferien als studentische
Hilfskraft, doch Ratten sind normalerweise nicht im
Sortiment.

Du bist tierlieb, richtig?

Ja doch!
Habe mein veterinärmedizinisches Studium vor einem
Jahr begonnen.

Tierärztin? Äh? Kuharschastrologin?

Quatsch!
Kleintierpraxis!
Aber halt!
Bis gestern hatten wir drei Albinoratten hier, die aus dem pharmakologischen Institut stammten, weil ein HiWi zu viele Versuchsratten bestellt hatte. Die kaufte am späten Nachmittag Pippi Langstrumpf.

Pippi Langstrumpf?

Sie kaufte alle drei Albinos, diese Cora: Rote Haare, dicke Zöpfe, Ost-West-Hüpfer in Flatterbluse, Patchwork-Mini, Gummistiefel und eine Stricktasche, in der sie die Tiere zur Bauernhofkommune Gievenbeck bringen wollte. Hauptsache reinweiße Ratten!

Warum?

Neutraler Malgrund für Punkte, Striche und Karos. Keine Ahnung, ob da nun eine männliche Ratte dabei war.

Aha, Cora!
Ein super Pippi-Herzchen. Das werde ich meinem Kommilitonen Hinnerk stecken. Macht ihn bestimmt rattenscharf. Die Kommune ist ganz bei uns in der Nähe. Da poppen wir heute am Abend in einer Spontan-Aktion auf. Ein echtes Go-In, Xanti inklusive.
Machst du mit?

Nein!

Morgen, am Samstag in der Früh, fahre ich nach Hause, und da will ich nicht übernächtigt ankommen.

Verstehe!
Braves Mädchen. Wo geht denn die Fahrt hin?
Was denn, du kommst auch aus der Mitte von WIR?

Allerdings!
Hört man nicht so auf Anhieb wie bei dir, denn meine Matura erlangte ich nach drei Oberstufen-Jahren in einem Internat in der Schweiz.

Abgeschoben?

Nein, nur pures Vitamin B!
Vitamin B für meine angedachte besondere tierärztliche Laufbahn.
Vitamin B wie Beziehung.

Schon klar, wobei der Begriff Vitamin durch Zusammensetzung der Worte Vita (Leben) und Amin (stickstoffhaltige Verbindung) geprägt wurde.

Schlaumeier!

Wart's ab, nach weiteren Semestern weißt du sogar, auf welcher Seite und in welchem Absatz im Lehrbuch dieser Satz steht.
Dazu die besten Synonyme, etwa für Vitamin B1 Beri-Beri-Schutzstoff, für Vitamin B6 Ratten-Pellagra-Schutzstoff oder für Vitamin C Antiskorbutisches Vitamin.

Soso!
Und Vitamin K?

Steht für Knutschen.

Klaro!

*Du, dann fahren wir morgen gemeinsam bis Dortmund
und dann trennen sich unsere Wege. Aber nur bis Sonntag!
Denn da braucht mein Vater seinen VW-Käfer nicht. Lass
dich überraschen!*

Du dich auch!

Tschüss!

Tschüss!

Ich parke direkt neben dem Eingang eines
Landgasthofes.
Ich bin wieder im Münsterland.

Ich bin wieder wie weit vormals inmitten einer weit
ausladenden Landschaft, dort, wo man seinen Gedanken
beim Blick auf Acker, Kornfeld und Weideland freien
Lauf lassen kann. Aber nur ein bisschen, aber nicht zu viel!

Denn deregulierende ländliche Deviationen stehen
mir wirklich nicht zu Gesicht, mir, einem geborenen
Großstadtmenschen! Dass ich damals wahrlich von einem
weiten Flurstück, von einem zu restaurierenden, da

aufgegebenen Bauernhof mit Stallungen, einer Remise, anderen Nebengelassen sowie von einem eigenen Ziehbrunnen träumte, war mein Traum-Teil-A.

Und der Volvo-Kombi war mein Traum-Teil-B. Der sollte mich und meinen Anhang ins sonnige Herz von Italien bringen. Dort, wo Urlaub, Meer, Strand, Weingut und Gutshof in ausgewählter Traumlage beisammen sind, wo die tolle Toskana angesagt ist, das sonnenbeschienene super duftende Schlaraffenland schlechthin. Ohne Stechtiere, ohne Dauerregen und ohne Hagelschauer, ha!

Einfach abdriften in die Toskana, in diese Super-Region von Mittelitalien inmitten einer historisch bedeutenden Kulturlandschaft. Hipp, hipp und noch einmal hipp!

Dass aber meine damalige Freundin staatlich subventionierte Kinder-Aufzuchtstätten als allheilendes Mittel zur Freistellung der Mütter vermittels einer neuen das System verändernden Idee in einer alternativ grün gelagerten Generation vehement propagierte und gleichzeitig ihren fadengebundenen Steiner unterm gemeinsamen Kopfkissen aberrativ beschlief und nachfolgend jenen fetten feisten Joschka-Typ kontaktierte, also, wirklich, das alles ließ mich systemimmanent grün speien.

Und ich machte mich synchron vom Acker — das war's also.

It's All Over Now, Baby Blue!
Wie es Bob Dylan näselnd nuschelnd abging.

Mamma mia! Gegengift stehe mir bei!
Wo regiert die Vernunft?

Schwere Zeiten, schwere Entscheidungen!

Man frage mich etwas Schwereres, während ich in einem Flohmarkt-Fundstück, einem Buch mit Narrativik für Fortgeschrittene schmökere, worin dieselbe Story auf vielfältige Weisen in Erzählungen umgesetzt wird und wo es wuselt von Närrinnen und Wuchtbrummen.

Wa-Wa-Wumm!

Wie weiter?

Vorwärtshumpelnde stolpern und Hinaufgerutschte rutschen ab, was im Einzelfall mehrere Zähne kostet, später viel mehr, dann alles. Wieder aufgestanden und aufrecht sitzend zur Rechten des neuen Zukunftsministers mit seiner Schwafelei am laufenden Meter vernehme ich:

Make Love, not Babies!
Save the Planet, kill yourself!
Lieber einmal mit Schneewittchen als x-mal mit den sieben Zwergen!
Nie wieder Krieg!
Sei still und üb dich im Idyll!
Mensch, nun werde wesentlich!

Mache ich doch glatt, während ein neuer Engel sich an meinen Versen wärmt. Und während sich alle anderen Esel im Verbund wund scheuern an Aprilscherz, Asylrecht, Asche, Bildzeitung, Blauband und Rotband.

Und wo sich Millionen ADAC- und CDU-Mitglieder im Schatten betongrauer Rentnerburgen an Herzschmerz zu Tode strampeln.

Doch dann reißt der Himmel auf und im Jubel seines himmlischen Blaus fokussiert ein Leit-Licht-Strahl mein Traumland. Eine Oase tut sich auf...Und noch eine Oase…Und…
Und…
Oh!
   Oh!
      Oh!
         Aase nicht mit meinem Geld!

Während ich an eine fulminante Flussbiegung gerate, an der Adam, Eva und die Schlange winken. Sie winken ihr Winke-Winke beim Ablegen des letzten Traumschiffes voller Clowns, Chiefs, Freaks, Snobs, Stars, Tramps, Wracks und Zappelfuzzis, desaströs überladen und lautlos entschwindend beim wohldosierten Sinken.

Dabei fällt der finale Vorhang und ich wische mir ein Schlafkorn aus dem Auge.

Musik spielt:
Also sprach Zarathustra in der gleichnamigen symphonischen Dichtung von Richard Strauss, beginnend mit der Einleitung eines grandiosen Sonnenaufgangs, gefolgt von brutalen Hinterwelten, wo wir kurz unterbrechen möchten für einen aktuellen Wortbeitrag von Max Issel, der vom praktischen Bau einer Vogeltränke im frühsommerlichen Hausgarten berichten wird.

Danke sehr!

Bitte sehr!

Beim Klingelton meines Handys mit Tatü-Tata wische ich mir das nächste Schlafkorn aus dem Auge.

Aha!
Mein ehemaliger Studienkollege aus Münsteraner Zeiten sagt unser heutiges Treffen ab, denn seine kleine Münsterländerin wirft gerade.
Na denn!

Langer, hau den Gang rein!

Es geht wieder zurück.

Zackig zurück.

Ins Revier – in die Mitte von **WIR.**

Ein heutiger sonniger Sommertag wird in den Bayerischen Morgennachrichten angekündigt.

Super!
An einem vergleichbaren Sommersonnentag sehe ich mich 1968 mit Eigelstein vor zehn Jahren in Berlin im Garten der Villa seiner Tante beim Zerlesen von Zeitungen und Nachrichtenmagazinen.

Eigelstein wedelt mit der neuen Ausgabe des Nachrichtenmagazins "Der Spiegel", worin eine Umfrage unter Berliner Studenten des Godesberger Instituts für angewandte Sozialforschung abgedruckt ist, die Vorurteile über ihre radikale Haltung nicht bestätigt. Auftraggeber der Studie über die politische Einstellung der Studenten war der Senat in Berlin (West). Das Gesamtergebnis der Umfrage besagt, dass die große Mehrheit der Studenten weder extrem links noch extrem

93

rechts orientiert ist, sondern das demokratische System funktionsfähig halten oder machen will. Obwohl etwa die Hälfte der Studenten mit linken Studentenorganisationen sympathisiert, bekennt sich nur jeder zehnte als Anhänger des Sozialistischen Deutschen Studentenbundes (SDS).

O-Ton-Eigelstein:
Bei 14.000 Studierenden sind das 1.400. Eher eine Minderheit, die aber mit ihren dauernden Aktionen auf sich aufmerksam macht, was gleichzeitig Futter für Springers Schmierenpresse ist. Für die Summe der Studenten ist der Verlauf der vergangenen Monate eher eine Summe von Niederlagen. Erst das Attentat auf Rudi Dutschke, dann die vergeblichen Springer-Demonstrationen und in Paris ist der Mai-Aufstand in sich zusammengefallen.
Na, dann wollen wir uns mal vermehrt um unsere fachlichen Studieninhalte kümmern!

Das machten wir auch, während sich besondere Ereignisse aneinanderreihten, die ich jetzt aus meinen gesammelten Notizen einbringe:

28.10.1969
Regierungserklärung gilt als Meisterwerk
Bundeskanzler Willy Brandt (SPD) gibt vor dem Bundestag in Bonn seine Regierungserklärung ab. Sie ist geprägt von der Leitidee "Mehr Demokratie wagen" und gilt als bisher anspruchsvollste in der Geschichte der Bundesrepublik.

In dem Entwurf zu Brandts Regierungserklärung im Abschnitt zur Deutschlandpolitik ist zu lesen:

»Aufgabe der praktischen Politik in den jetzt vor uns liegenden Jahren ist es, die Einheit der Nation dadurch zu wahren, dass das Verhältnis zwischen den Teilen Deutschlands aus der gegenwärtigen Verkrampfung gelöst wird.«

Die Deutschen haben nicht nur ihre Sprache und ihre Geschichte gemein, mit ihrem Glanz und ihrem Elend; wir sind alle zu Haus in Deutschland. Wir haben auch noch gemeinsame Aufgaben und gemeinsame Verantwortung für den Frieden unter uns und in Europa.

20 Jahre nach Gründung der Bundesrepublik Deutschland und der DDR besteht die Notwendigkeit, ein weiteres Auseinanderleben der deutschen Nation zu verhindern, also über ein geregeltes Nebeneinander zu einem Miteinander zu kommen.

31.12.1969
DIE ZEIT zeigt: Das neue Jahrzehnt
Es ist die Premiere für das "Zeit-magazin" als künftige Wochenendbeilage dieser überregionalen Zeitung. Es präsentiert mit seiner Nullnummer eine Grafik mit Blick auf die siebziger Jahre.

01.01.1970
Aufbruch ins neue Jahrzehnt: Ära der Verhandlungen
Zur Jahreswende sprechen führende Politiker der westlichen Welt von einem Wandel der internationalen Politik zugunsten von Frieden und Entspannung.

Eine "Ära der Verhandlungen" soll in den 70er Jahren die "Ära der Konfrontation" ablösen, wie US-Präsident Richard Nixon betont.

Besonders die Bundesregierung treibt den europäischen und internationalen Entspannungsprozess zwischen NATO und Warschauer Pakt mit ihrer neuen Deutschland- und Ostpolitik voran. Ein Ende des kalten Krieges bahnt sich an.

21.03.1970

Keine gemeinsame Basis mehr für die Zukunft des SDS

Auf einer öffentlichen Versammlung in Frankfurt am Main beschließt der Bundesverband des Sozialistischen Studenten Deutschlands (SDS) seine Selbstauflösung. Der ursprünglich der SPD nahestehenden Studentenverband entwickelte sich in den vergangenen Jahren zu einer der bedeutendsten Gruppierungen innerhalb der außerparlamentarischen Opposition (APO).

Seine Mitglieder, u. a. Rudi Dutschke, waren aktiv an den Auseinandersetzungen um die Hochschulpolitik beteiligt und organisierten Demonstrationen gegen den Vietnamkrieg und den Springer-Konzern. Mit dem Abflauen der Studentenrebellion begann auch der Niedergang des SDS.

15.04.1970

Trennung der Beatles – Ende einer Ära

Mit der Trennung beschließt die bislang erfolgreichste Musikgruppe ihre Karriere. Bis 1970 machten sie einen Gesamtumsatz von mehr als 500 Millionen DM. Die britische Königin verlieh den vier aus Liverpool stammenden Musikern einen Orden. Mit ihrer Musik haben sie die 60er Jahre geprägt. Die besonderen Plattencover für die Vinylscheiben stehen bei uns in den Regalen ganz vorne, zum Beispiel *Revolver* oder *Sergeant Pepper* oder *Abbey Road*.

01.09.1971
Mehr Chancengleichheit durch BAföG

Das Bundesausbildungsförderungsgesetz (BAföG), das vom Deutschen Bundestag am 26. August verabschiedet wurde, tritt in Kraft. Es regelt erstmals die staatliche Ausbildungsförderung der Schul- und Hochschulbesucher.

10.12.1971
Willy Brandt für Willen zur Versöhnung ausgezeichnet

Bundeskanzler Willy Brandt wird in der Universität von Oslo mit dem Friedensnobelpreis ausgezeichnet.
In der Begründung des Nobelpreiskomitees heißt es, der Bundeskanzler habe mit seiner Ostpolitik einen wichtigen Beitrag für den Frieden in Europa geleistet.

Armin hat sein Erstes Juristisches Staatsexamen bestanden. Ein guter Grund, uns in Berlin wiederzusehen und zu feiern. Ramba-Zamba, Rockmusik und Protest-Songs gegen Krieg und Konsum sind angesagt. Armins Kommilitonen haben ihre Lieblings-Vinylscheiben mitgebracht. Und Stoff. Der süßliche Geruch belebt Jimi Hendrix mit "Purple Haze" und Jefferson Airplane mit "White Rabbit", dann näselt Bob Dylan "The Times They Are A-Changing", begleitet von ersten Kotzserien mit

Klosett-Dauerrauschen und dann zum dritten Mal die Rolling Stones mit "I Can Get No Satisfaction", wobei der Refrain vielstimmig mitgesungen/mitgegrölt wird. „No satisfaction, no satisfaction 'Cause I try and I try and I try and…"

Und ich darf's im nächsten Semester wiederholt mit dem Biochemie-Kurs versuchen. Na ja, wenigstens meine Eltern machen mir keinen Stress. Na ja, so eine Ehrenrunde kann halt passieren!

24.04.1974
Willy Brandt tritt zurück

Günter Guillaume, einer der engsten Mitarbeiter des Bundeskanzlers Willy Brandt wird als DDR-Agent enttarnt. Brandt übernimmt die politische Verantwortung und tritt am 7. Mai 1974 von seinem Amt als Bundeskanzler zurück. Helmut Schmidt wird neuer Bundeskanzler.

Eigelstein ist SPD-Mitglied geworden und hat mit seiner Promotion begonnen. Durch das Bestehen der Zweiten juristischen Prüfung im kommenden Jahr, wird er gleichzeitig die Befähigung zum Richteramt und die Befähigung für den höheren Dienst in der allgemeinen und inneren Verwaltung erhalten. (Eingangsamt: Regierungsrat). Damit hat er sein Ziel als Eintritt in den Verwaltungsapparat erreicht.

Für meine Hochschulabschlüsse liegen gleichwohl zwei weitere anstrengende Etappen vor mir. Danach werde ich schnurstracks Münster verlassen und ins Revier zurückkehren, denn nur dort will ich meine Assistenzzeit antreten, um wieder gefühlsmäßig anzudocken in der Mitte von WIR.

Meine gesammelten Notizen enden mit memorablen Ereignissen in Kurzform:

1975
Whyl: Proteste gegen geplantes Atomkraftwerk

1975
Whyl: Proteste gegen geplantes Atomkraftwerk
USA: Erstmals Warnung vor Zerstörung der Ozonschicht

1976
Italien: Dioxin-Unfall in Seveso
Ostberlin: DDR-Liedermacher Biermann ausgebürgert
UK: Punk - No Future

1977
Wolfsburg: DDR kauft 10.000 VW-Golf
New York City: Unheimliche Begegnung der dritten Art, ein Science-Fiction-Film von Steven Spielberg

Hier nun meine abschließenden zusammenfassenden Erinnerungen:

Die Schwelle von den 60er zu den 70er Jahren war eine Zeit des tiefgreifenden politischen und sozialen Wandels, angefangen mit der Studentenbewegung und mit der Hochschulreform.

Die Zeit ist Chiffre geworden. Chiffre für eine neue kritische Generation. Einer kritischen Generation im Aufbruch. Und einer kritischen Generation des Umdenkens, wobei alle Beteiligten das unumgängliche Ziel in der dringenden Modernisierung und Vergrößerung der Universitäten erkannten, einhergehend mit dem Abbau der Allmacht der Ordinarien. Mir ist die Brisanz dieser politischen und wirtschaftlichen Ziele bewusst, doch die Gesellschaft hat sich bewährt im Konsens einer redlichen Bewältigung ihrer Zukunft.

1969/70 setzte die neue Ostpolitik der sozialliberalen Koalition ein, während gleichzeitig die Schattenseiten des erreichten Wohlstandes mehr und mehr ins Bewusstsein der bundesdeutschen Gesellschaft rückten.

Dazu gehörte die Flut von Automobilen, in der die Städte zu ersticken drohen, ebenso die Belastung der Natur. Wachsende Mengen von Hausmüll und Schrotthalden warfen ungelöste Probleme auf.

1971 regte sich Widerstand gegen die Umweltzerstörung. Die EWG-Kommission verabschiedete verbindlich für alle Mitgliedsstaaten Grundlinien für ein gemeinsames Programm zum Umweltschutz. Parallel startete eine kleine Gruppe von Umweltschützern namens Greenpeace mit ihren ersten Aktionen.

Es ist die Zeit der neuen Apparatemedizin, die gerade das bundesdeutsche Gesundheitswesen erfasst, wozu beispielsweise die Installation in einer Bremer Klinik der weltweit tausendste Computertomograph (CT) gehört, der

Untersuchungen von Weichteilstrukturen des Körpers in einem dreidimensionalen Bild ermöglicht.

Operationen mit einem Edelgas-Permanent-Lasergerät kommen neuerdings zum Einsatz. Dabei kann der bei älteren Patienten gefürchtete "Grüne Star" erfolgreich und patientenschonend behandelt werden.

Auch meine neue Praxisausstattung entspricht der neuen Apparatemedizin. Hier ein neuentwickelter zahnärztlicher Behandlungsplatz, der eine Behandlungseinheit bildet, worin der Behandlungsstuhl, die Gerätschaften des Behandlers sowie der Bereich der Assistentin fest miteinander verbunden sind. Die Patienten ruhen in einem Schalensitz, der motorgetriebene variable Positionen ermöglicht.

Und es ist die Zeit des Streites um die Ärztehonorare, der hohen Arzneimittelpreise und die Zeit vehement geführter gesundheitspolitischer Debatten.

Wenn ich übermorgen ins Ruhrgebiet zurückfahre, dann tue ich dies in der Gewissheit, dass seit dem Beginn meiner selbständigen Facharzttätigkeit ein ausgefüllter Berufsalltag vor mir liegt, den es zu bewältigen gilt.

Morgen ist hier unter dem schattenspendenden Apfelbaum ein Treffen mit Max, einem Architekten und einer Innenarchitektin anberaumt. Ihnen werde ich meine Vorstellungen zwecks Herrichtung eines kleinen feinen Ferienhauses vortragen und sie mit einer entsprechenden Umsetzung mit Max als Gewährsmann vor Ort beauftragen.

Und danach bleibe ich gespannt bis zu meiner nächsten Rückkehr, um zu bestaunen, was die Experten geleistet haben.

III
NIEDERSCHRIFT
IM MAI 2008

Im nächsten Moment schaue ich wieder durch die herzförmige Aussparung in der rustikalen Balkonbalustrade, hänge meinen Blick an eine einsame Wolke, um mit ihr durch den blauen Himmel zu segeln, weit fort in das Reich der Erinnerungen und der

Träume – so weit, dass ich plötzlich um mich blicke
und mich frage:

Wo bin ich?

Ich bin wieder in Omas kleinem Häuschen.

Im kleinen Holzhaus, das ich geerbt habe.

Wo meine Erinnerungen wieder wach werden, die ich
in besonderen Erzählsträngen niederschreiben will,
wobei ich kein Dogmatiker der Linearität bin, denn
hier wird Geschichte nicht mit einem Erzählstrang
stranguliert, nein, sie ist vielmehr auf Vielfalt
konzentriert und damit dezentriert in der
Vielschichtigkeit dieser Welt, die ich hier couragiert
collagiere.

Kaum

zu glauben, dass meine letzte Niederschrift dreißig Jahre
zurückliegt!

Dreißig Jahre, die wie im Flug vergangen sind.

Dreißig Jahre, die die selbständige Praxistätigkeit, die
die Praxisaufgabe und die die persönliche Neufindung
beinhalten.

Dreißig Jahre, die eingedenk Rudi Dutschkes langen Marsch durch die Institutionen als eine praktisch-kritische Tätigkeit in allen gesellschaftlichen Bereichen beinhalten, gelebt und vorgelebt im Beruf, im täglichen Umgang – immer und immer wieder – ohne Kompromisse.

Dreißig Jahre, die neue Erinnerungen, Träume und sich ändernde Sichtweisen erfuhren.

Das Häuschen diente in den vergangenen Jahren ausschließlich der Vermietung als Ferienhaus und jetzt, wie ich sofort beim Begehen erkenne, ist eine Komplettsanierung notwendig, einschließlich einer Neugestaltung des Außenbereiches.

Befreit von der Last meiner Praxistätigkeit nach erfolgter Beendigung und nach dem Erscheinen meines ersten Romans, soll mein jetziger Aufenthalt drei Wochen dauern.
Zeit zum Abstandgewinnen und gleichzeitig Zeit für eine umfassende Niederschrift, einschließlich der Zeit für das Sammeln griffiger Formulierungen für ein Interview in der Bochumer bsz (Bochumer Stadt-&Studentenzeitung). Diese wöchentlich erscheinende Zeitung des AStA der RUB (Ruhr-Universität Bochum) gibt es immer noch (s. Anhang).
So schließt sich der Kreis!

Und genug Zeit zum Planen weiterer Bücher, die sodann "Die Ruhr-Trilogie" bilden sollen. Das Erscheinen ist für RUHR.2010 vorgesehen, wobei Essen die Kulturhauptstadt Europas im Jahre 2010 ist.

Aus

dem VW-Jetta trage ich folgende Gegenstände ins Haus: Zwei Säcke mit Hartholzpellets, sodann zwei Reisetaschen, eine Universal-Dreibeinliege mit Mikrofaser-Steppdecke, diverse Essensvorräte, einen Bierkasten der Essener Stauder-Brauerei, die Laptoptasche und zum Schluss den extrabreiten PC-Monitor, der mir komfortables Arbeiten auf geteilter Bildfläche erlaubt.

Sodann bearbeite ich gründlich den Boden mit dem Kobold-Staubsauger und belohne mich mit einem zischenden Pils, installiere danach den Laptop mit dem zusätzlichen Monitor und lasse die Tastatur klicken beim reißenden Fluss meiner Erinnerungen.

Die neuen Möglichkeiten der digitalen Textverarbeitung nutze ich jetzt, indem ich meine besonderen Erinnerungen und meine vorhandenen Notizen als Textbausteine einfügen werde.

Die

Zeit zur Niederschrift ist jetzt gekommen, die Zeit ist wieder auf meiner Seite und ich bin glücklich darüber, dass ich hier bei bester Gesundheit in meinem besonderen dritten Lebensabschnitt angekommen bin – angekommen in einer schwellend schönen Jahreszeit mit einem breiten Zukunftspotential.

Denke ich zurück an den Sommer 1978 meiner zweiten Niederschrift, erscheint mir dieser wie gestern, dabei dichtens gefolgt von einer Schneelandschaft zum Jahresende, denn in der Nacht zum 29. Dezember 1978 brach die schlimmste Schneekatastrophe über Norddeutschland herein. Tausende von Autos blieben in den Schneemassen stecken. 80 Ortschaften waren von der Außenwelt abgeschnitten, und der Zusammenbruch der Stromversorgung in einigen Landkreisen Schleswig-Holsteins ließ nicht nur zahlreiche Menschen frieren, sondern brachte auch viele Landwirte in Not.

Nicht genug, denn ab Anfang Februar 1979 folgte eine zweite Schneekatastrophe mit orkanartigen Schneestürmen.

Dieser "Jahrhundertwinter", dem schneereichsten überhaupt seit Beginn der Wetteraufzeichnungen vor hundert Jahren mit Schneehöhen bis zu vier Metern, machten den Straßen- und Schienenverkehr unmöglich. Bis zu 30.000 Soldaten, Polizisten, Feuerwehrleute und freiwillige Helfer wurden mobilisiert, um die Wege frei zu räumen.

Nicht wetterbedingtes sondern industriebedingtes Unbill folgte Anfang 1985 wegen dicker Luft im Revier, ausgelöst durch Smog, einem Kunstwort aus "Fog" und "Smoke", wobei zehntausende sich beklagten über Atembeschwerden, Augenreizungen und Kreislaufschäden. In Essen wurden erstmals im Januar 1985 die Straßen für den privaten Autoverkehr für viele Stunden am Tag vollständig gesperrt.
An Beeinträchtigungen im Zusammenhang mit dem Praxisbetrieb kann ich mich nicht erinnern, vielmehr an die nachfolgenden arbeitsreichen Jahre, die zwei

aufeinanderfolgende Perioden bildeten, bedingt durch Umstrukturierungen im Gesundheitswesen.

Durch Inkompetenz, gepaart mit politischem Kalkül, bescherte der so genannte Blüm-Bauch (s. Anhang) sehr viel zusätzliche Arbeit. Der damalige Sozialminister Norbert Blüm (CDU) hatte 1988 durchgesetzt, dass im Jahr darauf unter anderem die Selbstbeteiligungen für Brillen und Zahnersatz drastisch erhöht wurden. Sofort rannten die Patienten zum Augenarzt und zum Zahnarzt.

Die zweite Arbeitswelle wurde wiederholt initiiert durch Missmanagement und Fehlentwicklungen bei der Gesundheitsreform.
Aus Angst vor dem Sparkurs der Regierung ließen sich viele Patienten noch schnell das Gebiss sanieren – etwas voreilig, wie die die Verbraucherschützer mahnten.

Danach, im Herbst 2003, war die schwere Geburt endlich geschafft: Ministerin Ulla Schmidt (SPD) und ihr Vorvorgänger Horst Seehofer (CSU) legten auf 435 Seiten den Kompromiss zur Gesundheitsreform vor – und überall im Lande beugten sich Ärztefunktionäre, Kassenjuristen und Verbraucherschützer erst einmal über den Wälzer aus Berlin.

Da waren die Patienten schneller. In dem untrüglichen Gefühl, dass jede Reform wieder Geld kostet, taten sie das, wozu jeder Doktor für gewöhnlich rät: Sie handelten prophylaktisch und belebten wiederholt die Wartezimmer.

Sehr unangenehm präsentierten nachfolgend nicht weinige Patienten eine neue "Geiz ist geil"-Mentalität, hervorgerufen einerseits durch den Werbeslogan einer Elektronikhandelskette, andererseits auch als Resultat einer irrationalen Verunsicherung zu werten.

Praktisch sah das so aus, dass Kostenvoranschläge für die gleiche Zahnersatzbehandlung gleich bei mehreren Kollegen eingeholt wurden. Der günstigste Kostenvoranschlag ergab sich durch die Verwendung von Sparlegierungen, auf deren Verwendungen sich einige Dentallabors spezialisierten. Eine immense Papierflut war die Folge, die immerhin mit den neuen Techniken der digitalen Praxisverwaltung bewältigt werden konnte.

Doch nicht nur dafür, nein!
Ich erkannte dabei plötzlich auch für mich selber neue Möglichkeiten, vermittels Computer und digitaler Bildverarbeitung anderweitig kreativ zu werden, indem nicht mehr nur Röntgenbilder digital bearbeitet und Krankenkassenformulare ausgefüllt, ausgedruckt und abgerechnet wurden, nein, jetzt nutzte ich ein weiteres Speichermedium für meine persönlichen Texte, Bilder und Collagen.

2005 stellte dabei das entscheidende Jahr weitreichender Entschlüsse für die Zukunft dar. Den folgenden Text füge ich als Baustein aus meinem Werksverzeichnis ein, worin sich Bilder, Beobachtungen, Erfahrungen und diverse Dokumente ab 2005 bis zum heutigen Mai im Jahre 2008 befinden.

Und das fing an, ja, das fing einfach so wie folgt an:

„Jetzt räum' endlich den Keller auf! Das habe ich dir nach dem Umbau schon so oft gesagt", lautete der Auslöser.

Knurrend gab ich diesen Impuls weiter an meinen Sohn, der damals als ZIVI unausgelastet neben mir stand. Wie ferngesteuert legte ich sodann den äußersten zugestellten Kellerwinkel frei, zog eine Sammelmappe mit meinen Siebdrucken, Handskizzen und handschriftlichen Notizen hervor und, nach gemeinsamer Sichtung, fragte mein Sohn fast tonlos:
„Warum machst du da nicht weiter?"

„Gute Frage – nächste Frage: Warum nicht?

Nach Ablauf der folgenden fünf Jahre wirst du dein Studium vermutlich beendet haben, stehst auf eigenen Beinen und ich muss nicht mehr jeden Morgen um sechs Uhr aufstehen, um dich zu alimentieren."

Wahrlich, ein lichter Zukunftsblick!

Meinem Herzen folgend, traf mein reifender Entschluss, bereits vorzeitig meine Praxistätigkeit zu beenden, auch auf familiären Konsens.

Jedem Anfang wohnt ein Zauber inne – eine im Ruhrgebiet verortete Kurzgeschichte.

Derart lobte zeitgleich der Ausrichter des Literaturpreises Ruhrgebiet seinen Schreibwettbewerb aus. Da war es doch reinster Zufall, dass sich in meiner Sammelmappe auch ein mehrfarbiger Siebdruck eines Zwerges befand.

Genau, dieser Zwerg kam mir exakt zu Pass. Er sollte meine bereits angedachte Kurzgeschichte beleben!

Im Herbst kam Post vom Literaturbüro mit einer Einladung zur abschließenden Feier und Preisverleihung, wobei ich allerdings nicht zu den Gewinnern gehörte. Da ging mir doch glatt der Draht in der Mütze hoch – der literarische Draht – wohlgemerkt.

Nein, meine Kurzgeschichte sollte keinesfalls in der Schublade verschwinden!

Sie sollte vielmehr Bestandteil eines größeren Werkes werden, womit der Grundstein für meinen ersten fiktiven historischen Roman gelegt war mit dem Titel:

DIE RUHR-MAGIER

In den folgenden Jahren entstanden vierzehn Bilder als begleitende Text-Illustrationen; die bei Lesungen ausgestellt werden sollten.

Nach dem Erscheinen meines ersten fiktiven historischen Romans mit dem Titel DIE RUHR-MAGIER fand ein ausführliches Interview statt.

2008 JANUAR
DIE RUHR-MAGIER sind als Buch erschienen. Im Textzentrum Essen folgen mehrere Buchlesungen und das folgende Interview "Die Hammersaison ist eröffnet" wird unter der Leitung von Uri Bülbül, dem Herausgeber von www.kulturprogramm.de, geführt.

Die Hammersaison ist eröffnet.

INTERVIEW IM TEXTZENTRUM ESSEN MIT DEM BUCHAUTOR JO ZIEGLER

Kulturprogramm:
Anfang Januar 2008 stellte JO ZIEGLER seinen RUHRGEBIETS-ROMAN mit dem Titel DIE RUHR-MAGIER vor, begleitet von Illustrationen, die einen eigenen dreizehn Bilder umfassenden Ausstellungspart bilden.

Jetzt sitzt ein kleines Grüppchen von vier Personen im Girardet Haus am Eingang 7, wo sich das Textzentrum-Essen befindet und ist in Plauderlaune. Es geht um literarisches Schreiben, um Kulturarchive und Kulturarbeit. Einer von ihnen ist der Autor Jo Ziegler, der neben dem Schreiben auch die bildende Kunst als sein Ausdrucksmittel begreift.

Er schreibt über das Leben und Arbeiten im Ruhrgebiet. Aber nicht das Thema macht das Besondere bei ihm aus, sondern seine Art, die Dinge zu erzählen und dabei historisch auszuholen, um diese Historie mit Leben zu füllen.

Die **Kulturprogramm**-Redakteure, die mit ihm die Runde bilden, haben Kostproben aus den Texten gelesen und kennen seinen Roman DIE RUHR-MAGIER. Der Autor rückt dabei seine künstlerische Tätigkeit insgesamt in den Blick. Er will sich nicht als Schriftsteller präsentieren, sondern als Künstler, der Bilder schafft mit Worten und auf Leinwand mit Farben.

Jetzt ist die Zeit der Premiere, die Zeit der Vorstellung der Neuerscheinung:

Nicht untypisch – die ersten Reihen leer – gebührender Abstand zum gefürchteten Genie, während Fotograf und Kameramann um die richtige Einstellung bemüht sind und dann, ja dann reduziert der Autor gekonnt auf einprägsame Passagen seines Debut-Romans.

Das Publikum inhaliert gespannt und konsumiert gerne gereichte Häppchen und Getränke.

„Ente gut – alles gut!", meint der Autor.

Ja, er kann wechseln und wird später mit seiner Vorliebe für Rabulistik und Galimatologie und parodierten Parömien zur absoluten Höchstform auflaufen, denn:

„Aller guten Kinder sind drei!"

Und:

„Alles Aufflufflungen!"

Kulturprogramm:
Sie sehen sich als Künstler, der Bilder schafft – mit
Worten und mit Farben auf Leinwand.

Jo Ziegler:
Das ist genau der Punkt. Schreiben ist neben dem
gemalten Bild die Kunstform, die am stärksten an die
Fantasie und Vorstellungskraft appelliert. Dazu möchte
ich eine Notiz aus meinem Werksverzeichnis zitieren:

»Bilder und Worte und Wortbilder quellen aus mir.
Im Spiel mit ihnen erfinde ich das Spiel neu.«

Kulturprogramm:
Plastisch malt er und plastisch meint er es, wenn er sagt:
Die Figuren sollen das Publikum aus den Gemälden und
den Wortbildern des Romans anspringen.
Da will jemand dick auftragen – aber nicht im Leben,
sondern in der Fiktion der Kunst.

Jo Ziegler:
In meiner Schulzeit schon, die einige Jahre zurückliegt,
entdeckte ich meine Neigung zu Bildern in meiner
Fantasie. Ob ich sie nun sprachlich ausmale oder auf
Papier oder Leinwand banne, das ist schier sekundär.

Gefördert wurde ich jedenfalls damals einerseits von meinem Deutschlehrer und andererseits von meinem Kunstlehrer.

Es war schon eine starke Sache, wenn in Dortmunder Zeitungen einige Gedichte von mir erschienen und mit Fünf Mark honoriert wurden. Damit konnte ich meiner Flamme imponieren und bei Cola mit Schuss ungeahnte Gefilde ausloten.
Jedenfalls verließ ich die Schule in meiner Heimatstadt Dortmund als einziger Jahrgangskandidat mit einer Eins im Fach Kunst. Und dabei sind mir noch heute arge Dispute des Lehrerkollegiums in Erinnerung.

Kulturprogramm:
Dispute – welcher Art?

Jo Ziegler:
Kandinsky, "Schweres Rot", ja, genau, so war der Titel des zu interpretierenden abstrakten Bildes. Das BAUHAUS und seine Auflösung durch den braunen Ungeist – vermutlich machte ich eine dahingehende aufrührerische Bemerkung.

Man bedenke: Mitte der sechziger Jahre fing ja gerade erst eine Verarbeitung der neueren deutschen Geschichte an.

Rückblickend sehe ich eine Riege steifer, kerzengerader älterer Männer, daneben in Augenhöhe und vertreten in gleicher Anzahl junge Männer, salopp gekleidet in Sakkos über Rollkragenpullis, knapp zehn Jahre älter als unsere Abiturientia – und sie hatten den gefühlten Status älterer Brüder.

Sie zückten Bücher von Albert Camus, zuerst auf Deutsch, dann auf Französisch, und dann buchstabierten sie den Existentialismus. Andere überhäuften uns mit Max Frisch. mit seinen "Homo Faber", den ich übrigens in jedem Lebensjahrzehnt neu entdecke. Finalement, sein bewegendes Buch: "Die Schwierigen" – "J'adore ce qui me brûle".

Fragende Gesichter in der Runde. Im Hintergrund summt der Kühlschrank. Ansonsten ist es kurz ganz still.

Jo Ziegler:
Pardon, ich habe mich wohl vergaloppiert. Aber, unbedingt müssen noch Wegbereiter wie "Der Fänger im Roggen" von J.D. Salinger, oder "Unterwegs" von Jack Kerouac nachgeschoben werden. Ab da war ich dann "On The Road", zusammen mit allen anderen Alt-Achtundsechzigern.

Kulturprogramm:
Und warum begannen Sie damals nicht mit einem naheliegenden Studium von Kunst, Germanistik und...

Jo Ziegler:
Und wie lautet das dritte Wort, etwa Pädagogik?
Für mich persönlich unvorstellbar!

Alldieweil führte die Freikarte des Abiturs in den mittsechziger Jahren der BRD vornehmlich zum Apotheker, Erben, Pfarrer, Rechtsanwalt oder Arzt. Derart kehrte ich dann nach sechs Jahren Studium aus der Münsteraner Diaspora wieder in meine geliebte Heimat zurück.

Einer der Redakteure nickt verständnisvoll. Er könnte auch ein Lokalpatriot sein und Münsterland als "Diaspora" empfinden.
Aber das ist es nicht!
Er ist noch in Gedanken bei den Apothekern, Erben und Ärzten.

Er studierte Germanistik, Philosophie und wie lautet das dritte Wort?
Nein, nicht Pädagogik!
Aber Theater-, Film- und Fernsehwissenschaften!
Doch nach endlosen Studien brach er den Werdegang durch die Gänge der Universitäten ab – als Ende eines rhizomatisches Labyrinths.

Jo Ziegler wirkt da pragmatischer.

Kulturprogramm:
Damit waren also die Weichen gestellt.
Oder verstellt?

Jo Ziegler:
Vorerst, ja. Für meine Siebdrucke, Handskizzen und handschriftlichen Notizen kaufte ich eine sündhaft teure koffergroße Kunststoff-Mappe, platzierte diese auf einem Styroporsockel im Keller, wohl geschützt, im Hinblick auf einen möglichen Wassereinbruch, vor welchem wohlmeinende Nachbarn warnten. Dann kam der Gang en famille durch europäische Kunstsammlungen und Ausstellungen jedweder Art, meine damals einzige Möglichkeit, bildende Kunst zu erfahren. Bei interessanten Büchern klappten mir derweil abends die Augen zu.

Kulturprogramm:
Also studierten Sie Biologie, Medizin und Zahnmedizin.
Und was war der prägnante Auslöser, sich wieder aktiv
mit Bild und Text zu beschäftigen?

Jo Ziegler:
„Jetzt räum endlich den Keller auf! Das habe ich dir nach
dem Umbau schon so oft gesagt!", lautete der Auslöser.
Knurrend gab ich den Impuls an meinen Sohn, ZIVI seines
Zeichens, weiter, als er so unausgelastet danebenstand.

Wie ferngesteuert legte ich den äußersten zugestellten
Kellerwinkel frei, zog die oben erwähnte Sammelmappe
hervor und, nach gemeinsamer Sichtung fragte mein Sohn
fast tonlos:
„Warum machst du da nicht weiter?"

Der mehrfarbige Siebdruck eines Zwerges kam mir dabei
exakt zu Pass.

Kulturprogramm:
Aha, Zwergen-Latein!

Jo Ziegler:
Genau!
Dieser Zwerg sollte eine Kurzgeschichte beleben.
Vorgegeben waren 10 DIN A 4-Seiten vom Ausrichter des
Literaturpreises Ruhrgebiet.
Da Zwergsein auch zu tun hat mit "twer - quer" und mit
"twerch - schräg, verkehrt" sowie mit "twern - quirlen,
verdrehen", war dieser Winzling geschaffen, um auf der

UrRuhrSpur N° 7 abzufahren. Dabei luchste er dem obersten Essener Grobschmied dessen Stahl-Rezepte ab, nistete sich in der ISENBURG ein, und betrieb dort eine alternative Stahlschmiede. Beim Hantieren mit Sprengstoff flog die Burg in die Luft und verabschiedete sich als Schuttlawine ins Ruhrflusstal.

Somit wissen Sie jetzt auch Bescheid, warum man heutzutage von der Ruine ISENBURG spricht, – ha, ha, ha!

Kulturprogramm:
Sie bewegen sich also inhaltlich ganz im Ruhrgebiet, ganz in unserer Nähe, sozusagen.

Jo Ziegler:
Mit Herzblut, allerdings!
Alle Zutaten liegen greifbar nahe.
So lieferte mir z.B. ein lokaler Zeitungsartikel den Beginn meines Buches DIE RUHR-MAGIER frei Haus:

"Die Hammersaison ist eröffnet". Gemeint ist der Halbach-Hammer im Nachtigallental, wo an jedem Sonntag öffentliche Schmiedevorführungen für Jung und Alt stattfinden. Da ich die Nähe zu meinen Lesern suche, ist es durchaus möglich, mich dort an einem tollen Schmiedetag anzutreffen.

Kulturprogramm:
Hat es sich dann mit den Ruhr-Magiern in Ihrem literarischen Schaffen ausgezaubert?

Jo Ziegler:
Aber nein. Noch lange nicht! Jetzt bin ich so richtig auf den Geschmack gekommen. Ich habe Blut geleckt und schmiede eine große Ruhrgebietstrilogie, ein Gesamtkunstwerk aus Essen, der Kultur-Hauptstadt im Jahre 2010.

Kulturprogramm:
Na, da sind wir aber gespannt! Wir bedanken uns für dieses Interview.

2008 FEBRUAR

Bis zu meinem Geburtstag werden zwölf textbegleitende Bilder im Foyer des Katakomben-Theaters in Essen ausgestellt. Nach einer Lesung folgt die Laudatio von Uri Bülbül, dem Sprecher des Theaters, mit dem Titel:

Ein Mensch erfindet sich neu
**Laudatio zum Geburtstag meines Freundes und Kollegen
Jo Ziegler**

Ein Mensch erfindet sich neu – das ist für mich eine Formulierung, die befremdlich klingt, obwohl mir Identitätstheorien seit meiner Rezeption des Romans "Stiller" von Max Frisch vor fast dreißig Jahren und später auch durch die Germanistik nicht fremd sein sollten. Mit welch großer Spannung habe ich damals "Stiller" gelesen, die Aufzeichnungen eines Mannes, der - so die Romangestaltung - in einem Schweizer Gefängnis sitzt und bestreitet, Stiller zu sein. Der Roman fängt mit dem Satz an: „Ich bin nicht Stiller!"

Er ist in Untersuchungshaft, weil ihm ein Passvergehen vorgeworfen wird, während er darauf besteht US-amerikanischer Staatsbürger zu sein und diesen Stiller überhaupt nicht zu kennen.

Es lag in meiner damaligen Lebenssituation nahe, diese Identitätsleugnung schnell zu verinnerlichen. Ich lief durch die Universität immer mit dem Spruch auf den Lippen: „Ich bin nicht Uri!" Ich suchte einen Anfang für mein Erwachsenendasein, einen Punkt, der mich als frisch gebackenen Vater und doch so unerwachsenen Mann im Leben verankerte. Eine Verankerung übrigens, die mir aus bürgerlicher Sicht niemals gelungen ist. Mein Studium trat ich mit dem ekelerregenden Satz im Ohr an: „Es ist eine brotlose Kunst!" und mit der davon unweit gelegenen Frage:

„Was willst du mit Germanistik und Philosophie machen?"

Eine ständige und zermürbende Diskussion in meiner eingeheirateten Familie, immer die direkte und indirekte Infragestellung meiner Existenzwünsche durch meinen soliden Schwiegervater, der Maschinenbauingenieur war, und durch die internalisierte Wertschätzung - Verzeihung! - Verachtung meiner Frau jeglicher Geisteswissenschaft und Literatur, die ein Medizinstudium anstrebte und nicht aufhören konnte, mich damit zu terrorisieren, ich sollte doch gemeinsam mit ihr Arzt werden. So könne ich Menschen am besten helfen.

Doch je mehr sie mich drängte, desto mehr klammerte ich mich an meinen eigenen Identitätsentwurf, Schriftsteller werden zu wollen. Das bescherte mir Prüfungen und Mutproben: Blutabnahme an meiner Peinigerin als Beweis, dass ich zu solchen Handgriffen durchaus in der Lage bin, Besuch anatomischer Demonstrationen als Beweis, dass mich das Zusehen bei der Zerlegung einer Leiche nicht aus den Schuhen haut; dann die zugespitzte Frage, was erotischer sei: ein erfolgreicher Chirurg oder ein mittelmäßiger Schriftsteller. Und da musste ich leider meinen Weg geschieden weiterverfolgen.

Und gerne hätte ich alle meine Selbstzweifel, die trotz allem Festhalten am eigenen Lebensentwurf mich beschlichen, wie eine Schlangenhaut abgestreift und eine neue Identität angenommen, um distanziert und belustigt auf eine Vergangenheit zu schauen, die meine gar nicht sein konnte. Ich wäre so gerne, um es einmal in der heutigen Computersprache zu sagen: ein Uri 2.0 geworden.

Ein erfolgreicher, schriftstellernder Arzt – vielleicht wie Gottfried Benn?

Nein, diesen Weg versagte ich mir selbst und blieb im Grunde immer der, der ich war.

Ich habe mich niemals neu erfunden. Einen Uri 2.0 gibt es nicht.

Ganz anders hingegen, die Hauptperson des heutigen Anlasses, weswegen wir zusammengekommen sind: Jo Ziegler, der seine Emails an mich mit Jo 2.0 unterschreibt.

Von seinem Vater auf den sicheren Pfad einer guten, bürgerlichen Existenz im Studium der Medizin gebracht, ging er ihn, bis er wiederum seinen Sohn zu einem Studienabschluss im technischen Bereich führen konnte, um sich dann neu zu erfinden. Er hatte das Feld der Kreativität, der brotlosen Künste mit seinem Abitur verlassen und fand es beim Aufräumen seines Kellers wieder.

Aus Dr. med. dent. Helmut-Johannes Ziegler wurde schlicht und ergreifend Jo Ziegler alias Jo 2.0!

Er ist kein schreibender Arzt, erlaube ich mir meine Einschätzung abzugeben. Er hat die Rolle des Halbgotts in Weiß, wenn er sie denn je gespielt hat, abgestreift - und den weißen Kittel nur mir für Theateraufführungen zur Verfügung gestellt. Und damit hat sich Jo Ziegler gehäutet. Er hat rein gar nichts von der Arroganz eines Besserwissers um die

Zerbrechlichkeit menschlicher Existenz an physiologischen Fehlfunktionen, die wiederum medikamentös oder chirurgisch behoben werden können, damit das Leben wieder ins Lot gerät. Er läuft nicht mit der Arroganz herum, auf die einzig richtige und wirksame Weise dem Menschen helfen zu können. Er hat seine Arztjahre hinter sich gebracht und geht einen neuen Weg. Also ist Jo Ziegler kein schreibender Arzt, sondern ein Schriftsteller und bildender Künstler – er ist ein anderer. Er ist ein zur Metamorphose fähiges Wesen, vor dessen Fähigkeit ich den absoluten und allergrößten Respekt habe.

Es ist allemal leichter, immer schon Literat gewesen zu sein, als die eigene Identität zu verändern und sich, wie man so schön sagt, neu zu erfinden. Es ist allemal leichter, sich immer schon und immer nur mit Literatur beschäftigt zu haben – immer mit dem nämlichen Stoff, der einen aufgefressen hat. Es ist allemal leichter, aufgefressen im Bauch der Sphinx zu sitzen und zu warten, wer als nächster die Kehle der Bestie heruntergekullert kommt, als sich mutig vor die Sphinx mit ihren Rätseln zu stellen, was Kunst sein und worin sie ihre Tiefen entwickeln kann! Leider gibt es wenige Menschen, die dieses Wagnis eingehen.

„Sich neu erfinden" kann, ja muss sogar, heißen, kreativ zu werden, den gewohnten Pfad zu verlassen und Neues auszuprobieren. Darin ist Jo Ziegler groß. Die Inhalte und die Ästhetik seiner Kunst sind mir persönlich angesichts dieses großen Experimentes und Experimentators zweitrangig. Wichtig ist bezüglich der ästhetischen Inhalte, dass er keine Vorurteile und vorgefassten Gewissheiten aus seiner ersten Welt mitbringt und glaubt, sie nun auch künstlerisch darbieten zu können. Nein, er nimmt seine Neuerfindung ernst und lässt sich auf neue Spiele mit neuen Gefahren für Anfänger ein. Zur Literatur und Malerei gesellte sich auch das Spiel auf der Bühne des PostDrama-Ensembles.

Und bei allem versteht er sich, wie er es in einem Interview mit mir in unserer Kulturzeitung namens Kulturprogramm.de gesagt hat, als ein Kind dieser Region. Wir waren gemeinsam auf der Buchmesse in Frankfurt und auf der Buchmesse in Leipzig, verbunden fühlt er sich aber mit dem Ruhrgebiet. Inspiriert vom Leipziger Institut für Literatur, dem Johannes R. Becher Institut der DDR war Jo Ziegler dabei, als wir mit dem Dortmunder Kulturdezernenten über ein Literaturhaus Ruhr sprachen.

Nicht woanders sein ist ihm wichtig, sondern das Anderssein nicht im Vergleich zu anderen Menschen, sondern im Vergleich zur ersten Version seiner Identität.

Und immer hat seine Kunst auch etwas ganz Eigenwilliges. Die Dreidimensionalität seiner Bilder beispielsweise sind durch das Aufkleben von Gegenständen und aus Holz herausgesägten Figuren erzeugt, nicht durch gemalte Zentralperspektive.

Ich habe während der Ausstellung im Katakomben-Foyer hier und da auch mit Menschen gesprochen und nach ihrer Meinung zu den Bildern gefragt. Jemand sagte, die Bilder wirkten etwas "poppig", etwas "trashig".

All das sind Attribute, die in der Moderne bzw. Postmoderne einen Künstler niemals brüskieren können. Ja, Jo Ziegler greift auch zum Kitsch, malt, sägt und klebt daran herum, besprüht und platziert die Dinge, wie sie ihm gefallen und beschreibt sie auch, indem er Literatur produziert.

Wem es noch nicht aufgefallen ist: Das ist keine Kunst, die die rhetorische Figur der Ehrerbietung dem Publikum abverlangt, sondern Spaß vermittelt.
Aber der Weg ist mit dieser Finissage nicht zu Ende, die Experimente nicht abgeschlossen, die Themen nicht abgehakt. Und ich hoffe doch sehr, dass wir noch so manch einen Schritt gemeinsam unternehmen und zu neuen inspirierenden Spielen mit der Kunst kommen.

In diesem Sinne wünsche ich Dir, lieber Jo, ein langes Leben in der "2.0 Version" und frohes Schaffen.

Uri Bülbül
Essen, den 25. Februar 2008

2008 FEBRUAR / MÄRZ

Der Winter will nicht weichen!

Während ich die Demontage meiner Praxiseinrichtung überwache, hockt auf der Antenne des gegenüberliegenden Hauses ein kapitaler Rabe, der hier seit mehreren Jahren sein Revier behauptet und der mir als Vorlage des Dominanz-Raben Ruhr-Chef im Roman DIE RUHR-MAGIER diente.

Ein schlichtes SW-Foto werde ich später in meiner Sammlung suchen und mit einigen passenden Zeilen versehen. Hier eingefügt, bildet es das Ende meiner Niederschriften.

RABEN
AN
ABBRUCHKANTEN

IM
AUFWIND

IM
ANTHRAXGEFIEDER

HEUTE SIND SIE SCHÖN
IN DER MITTE VON WIR

Ende

ANHANG MIT HINWEISEN

Buchcover, Buchrückseite und Abbildungen im Text ©Dr. Helmut-Johannes Ziegler unter Verwendung eigener Bilder, Collagen und Fotos mit Ausnahme folgender Abbildungen:

1.

"Trecker" mit freundlicher Erteilung des Nutzungsrechtes der AGCO GmbH aus ihrem "AGCO Fendt Fotoarchiv" Marktoberdorf.

2.

"Kellerwohnung" aus dem Stadtarchiv Gelsenkirchen mit Gewährung von Nutzungsrechten am Bild FS I 10339a.

3.

"Steckbrief vom 13. Juni 1835, mit dem Georg Büchner gesucht wurde" Wikimedia Commons

4.

BMW Isetta https://de.wikipedia.org/wiki/BMW_Isetta

5.

"Aplerbecker Mark Grundschule" aus 100 Jahre Straßenbahnen im Amt Aplerbeck. Verfasser: Wolfgang Noczynski, Herausgeber: Aplerbecker Geschichtsverein (AGV), Druck: Gustav Kleff KG 44287 Dortmund.

6.

"Kreidler-Florett" mit Nutzungsrecht Daniel Schmid <info@50er-forum.de> und "Zwei Kreidler-Florett" mit Nutzungsrecht Frank Stegemann <kreidler-museum@t-online.de>

7.

"Rudi Dutschke November 1967 in der alten Mensa der Ruhr-Universität Bochum" mit Verwendung bei Quellenangabe: Stadtarchiv – Bochumer Zentrum für Stadtgeschichte, Sammlung W. K. Müller, L 947.

WEITERE HINWEISE

1.

Das Interview "Die Hammersaison ist eröffnet" und "Ein Mensch erfindet sich neu...Laudatio zum Geburtstag meines Freundes und Kollegen Jo Ziegler" erfolgt mit freundlicher Genehmigung zur Verwendung von Uri Bülbül.

2.

Im Land der Wollgrenze
Das Ruhrgebiet und seine Sprachen
Prof. Heinz H. Menge in RUHR REVUE 1. Quartal 2008

3.

WAR WAS?
Heimat im Ruhrgebiet
Erinnerungsorte und Gedächtnisräume, 6. Geschichtswettbewerb des Forums Geschichtskultur an Ruhr und Emscher e.V.
Mit einem Beitrag von Dr. Jo Ziegler, Essen.
„Die Ruhr-Magier"
Schreibhaus-Verlag Bochum 2008, ISBN 3937840060
Der am Ende des 19. Jahrhunderts spielende historische Roman erzählt die abenteuerliche Geschichte um drei Schmiedeknechte, die als die Ruhr-Magier eine ungewöhnliche Karriere machen inmitten der boomenden Industrialisierung des Ruhrgebiets.

JO ZIEGLERs Romanwelt ist bunt, schrill, auf Vielfalt konzentriert und damit eigentlich dezentriert. Hier schreibt kein Dogmatiker der Linearität. Hier wird nicht eine Geschichte mit einem Erzählstrang stranguliert; vielmehr weiß der Autor um die Vielschichtigkeit der Welt und collagiert sie couragiert.

Vom Halbachhammer, wo an jedem Sonntag in der Schmiedesaison öffentliche Vorführungen stattfinden, inspiriert, schrieb Jo Ziegler seinen ersten Roman der Trilogie
"Die Ruhr-Magier".

Dem folgte der zweite Roman "JONA". Die gleichnamige Heldin ist die Ur-Enkelin der Essener Schmiedefamilie aus den "Ruhr-Magiern". Mit ihrer Halbschwester und einer Freundin wollen sie sich am chinesischen Neujahrsfest traditionell gegenseitig Reichtum wünschen − im "Jahr des Goldenen Schweins".

Im dritten Roman "PINKA RUHR-WURM" besucht Jona während des Kulturhauptstadt-Jahres Ruhr-2010 ihre Freundin Biggi im harten Stadtkern von Essen, während im Baldeney-See die Algenpest wütet.

JO ZIEGLER
DIE RUHR - MAGIER
Der Trilogie erster Teil
sagenhaft hammerhart geschmiedet

Jo Ziegler
JONA
Der Trilogie zweiter Teil

2016 die zweite überarbeitete

132

Auflage Die Ruhr-Trilogie: Eine große Revier-Chronographie in drei Romanen: BoD. Gebundene bibliophile Ausgabe und e-Book

4.

Vertreibung der Deutschen aus der Tschechoslowakei – Wikipedia https://de.wikipedia.org// Vertreibung_der_Deutschen_aus_der_Tsche...

Die Vertreibung der Deutschen aus der Tschechoslowakei (tschechisch Odsun, wörtlich Abschiebung oder Abtransport, besonders auch Abschub) betraf bis zu drei Millionen Deutsche aus der Tschechoslowakei in den Jahren 1945 und 1946. Die Sudetendeutschen, auch Deutschböhmen und Deutschmährer sowie politischer Sprachgebrauch und Vorgeschichte der Vertreibung…

5.

Mahnmale Bayern – Bund der Vertriebenen www.bund-der-vertriebenen.de/fileadmin/.../bilder/...pdf/bayern-2.pdf Gedenken an die Opfer der Vertreibung ab 1945 Patenstadt Marktoberdorf

6.

87616 Marktoberdorf

Bezeichnung: Rübezahl-Brunnen. Tafel neben dem Brunnen:

„Berggeist Rübezahl im Riesengebirge."

Darunter stilisierte Darstellung Deutschlands in den Grenzen von 1937 mit dem Text:

„Errichtet von der Patenstadt Marktoberdorf und den Heimatvertriebenen aus dem Kreis Hohenelbe im Riesengebirge. Für die Alten als Vermächtnis, der Jugend als Mahnung." 16. September 1984.

Neben dem Rübezahl-Brunnen wurde im Jahr 2008 ein Gedenkstein für die Schöpfer des Riesengebirgsliedes, Othmar Fiebiger (1886-1972) und Vinzenz Hampel

(1880-1955) aufgestellt – im Vordergrund des Bildes zu sehen. Neben zwei Bildmedaillons der Autoren des Riesengebirgsliedes befinden sich auf dem Steinsockel auch ihre kurzen Lebensläufe.

Standort:

Auf der „Buchel", in der Nähe des Waldspielplatzes in Geisenried, Stadtteil von Marktoberdorf

Errichtung: Rübezahl-Brunnen 1984

87616 Marktoberdorf

Bezeichnung: Mahnmal

Inschrift:

„Den Toten der Heimat – Sudetendeutsche Landsmannschaft."

Standort: Auf der Anhöhe „Buchel" über Marktoberdorf

Errichtung: 1950, 1978 renoviert

7.

www.gablonzer.at/history_manufacture.php Geschichte zur Herstellung des Gablonzer Glasperlenschmuck ... Damals versorgten Tausende Arbeitskräfte: Gürtler, Schleifer, Metallarbeiter und deren…

8.

www.geschichte-oesterreich.com/1867-1918/ Hinter der so genannten K.u.K-Monarchie oder auch 'Donaumonarchie', die vom 8. Juni 1867 bis zum 31. Oktober 1918 bestand, verbarg sich die aus zwei…

9.

https://de.wikipedia.org /wiki/ Deutsch-Französisches Jugendwerk

10.

Detlef Siegfried

„Time is on my side", Konsum und Politik in der westdeutschen Jugendkultur der 60er Jahre. Reihe: Hamburger Beiträge zur Sozial- und Zeitgeschichte.

(Hrsg. von der Forschungsstelle für Zeitgeschichte in Hamburg) Bd. 41

11.

„Unter den Talaren Muff von tausend Jahren", image-596887-galleryV9-nhmf

12.

„Jubelperser", Wikipedia, Vorgänge am 02. Juni 1967, Presseberichterstattung

13.

68er-Aufstand „Sturm auf Springer"

www.spiegel.de/einestages/68er-aufstand-a-948652.html

14.

Norbert Kozicki, Aufbruch im Revier, 1968 und die Folgen, Klartext-Verlag, 1993

15.

SPIEGEL ONLINE 06.12.2009

Reinhard Mohr:

„Enthüllungen über Dutschke-Attentäter. Schrecken aus dem braunen Sumpf."

16.

www.zahnärzte-grasleben.de/Festzuschusssystem.html

Da die Maßnahmen im Vorfeld in den Medien ausführlich diskutiert werden, kommt es im Jahre 1988 zum Blüm-Bauch.

17.

bsz vom 06.August 2008, Nr. 755 „Ruhr-Magier im Essener Textzentrum"

NACHWORT UND AUSSCHAU

1. INFORMATIONEN ZUR GESCHICHTE DIESES BUCHES

Als ein gleichwohl dokumentarliterarisches Werk ging diesem Buch der Titel Großer Mann / Kleiner Mann voraus. (2015/16)

Das Buch beinhaltet Erlebnisse aus der Nachkriegszeit –
vom zerstörten Ruhrgebiet bis nach Berlin.
In diesem dokumentarliterarischen Werk wurden eigene
biografische Begebenheiten aus der Jugend in der
unmittelbaren Nachkriegszeit im zerbombten Ruhrgebiet
bis hin in die 1968er Jahre verarbeitet, wobei alltägliche
kleinste Beobachtungen sich zu langen Assoziationsketten
reihen, um der eigenen subjektiven Wahrnehmung auf die
Spur zu kommen.

Jo Ziegler entführt seine LeserInnen mit eigenen Beobachtungen und sieben Interviews durch sieben verschiedene Orte im Münsterland, im Rheinland, im Ruhrgebiet und durch Berlin in eine Zeit des Umbruchs des frühen Nachkriegsdeutschlands.

2. AUSSCHAU

An diese beiden Bücher vom Erinnern schließen sich naheliegend Geschichten vom Vergessen an, wobei die Formen des Vergessens, einhergehend mit fortschreitender Demenz, sich zunehmend als gesellschaftliche Probleme darstellen.

Demenz ist der Oberbegriff für Erkrankungsbilder, die mit einem Verlust der geistigen Funktionen wie Denken, Erinnern, Orientierung und Verknüpfen von Denkinhalten einhergehen und die dazu führen, dass alltägliche Aktivitäten nicht mehr eigenständig durchgeführt werden können.

Demenz ist eine der häufigsten Krankheiten im Alter: Der Verlust der geistigen Leistungsfähigkeit und das quälende Verlöschen der Persönlichkeit betrifft weltweit rund 45 Millionen Menschen – und jedes Jahr kommen weltweit über 300.000 Betroffene dazu. Allein in Deutschland sind 1,6 Millionen Menschen an Demenz erkrankt. Noch immer gibt es kein Heilmittel und nicht alle Ursachen sind bekannt. Dennoch weiß man bereits, wie sich z. B. das Erkrankungsrisiko senken lässt. Und es gibt immer wieder neue Therapien und Betreuungsmöglichkeiten für Menschen mit Demenz.

Das folgende Buchprojekt ist in Arbeit mit dem Titel

**HUND, KATZE, MAUS,
RECHTS, LINKS, GERADEAUS...**

ZUM BUCHINHALT:

ECKSTEIN ENTLÄSST SICH SELBER AUS DER UNFALLKLINIK, DENN AM HEUTIGEN ZWEITEN SONNTAG IM OKTOBER ENDET DIE FREIBADSAISON MIT EINEM BESONDEREN HUNDESCHWIMMTAG.

HIER TRIFFT ER CZERANSKI MIT DEM GEMEINSAMEN SCHÄFERHUND SALTO, DER SEIN ZEHNTES LEBENS-JAHR ERREICHT HAT UND DER DEN AUSLÖSER BILDET FÜR ERINNERUNGEN UND ZEITNAHE ZUKUNFTSPLÄNE, WOBEI VERGANGENHEIT UND NAHE ZUKUNFT IM WECHSEL VON ABSONDERLICHEN BILDERN UND FORMEN ZERFLIEßEN.

Jo Ziegler Kurzvita

Im Ruhrgebiet 1949 geboren
und dort lebend. Bildender
Künstler und Autor einer
großen Revier-Chronographie
in drei Romanen mit dem
Buchtitel Die Ruhr-Trilogie
2008 und 2010 erschienen im
Schreibhaus Verlag Bochum
Ab 2010 Reaktionsmitglied
bei www.kulturproramm.de
Ab 2013 Veröffentlichungen
in der Edition Bärenklau Berlin

Ab 2014 Veröffentlichungen
bei Beam eBooks Köln
Ab 2015 Veröffentlichungen
bei BoD
Ab 2018 Veröffentlichungen
bei TWENTYSIX und
bei TREDITION

Bücher von Jo Ziegler
https://www.amazon.de/Jo-Ziegler/e/B00MD912NU

WEITERE VERÖFFENTLICHUNGEN

2014 Großer Mann/kleiner Mann: Erlebnisse aus der Nachkriegszeit – vom zerstörten Ruhrgebiet bis nach Berlin, Edition Bärenklau / München: BookRix e-Book
2015 Herrenschmitt...und ich! Edition Bärenklau / amazon kdp

2016 Zweite überarbeitete Auflage Die Ruhr-Trilogie: Eine große Revier-Chronographie in drei Romanen: BoD. Als gebundene bibliophile Ausgabe und als e-Book

2018 (Februar), Glocken-Heim, TWENTYSIX,
ISBN 978-3-7407-4418-2 und e-Book

2018 (April.), Die Kalahari lebt, TWENTYSIX,
ISBN 9783740744731 und e-Book

2018 (April), Zwei kantige Kerle, TWENTYSIX,
ISBN 9783740735876 und e-Book

IN ANTHOLOGIEN

Rabe und Fuchs
Best of Wort-Café 2012
Cenarius Verlag Hagen 2012
ISBN 978-3-940680-56-3

Die Akte Bernhard Scherer
Die Kälte jenseits der Träume
Phantastische Erzählungen
Hrsg. Jörg Martin Munsonius Alfred Bekker
Verlag: BookRix 30.09.2015
ASIN: BOOJRAN8XK

Grüne Smoothies
4. Bubenreuther Literaturwettbewerb 2018
Die Anthologie ist bei TREDITION erschienen
HrsG. Christoph-Maria Liegener
ISBN: 978-3-7469-9245-7

Autorenfoto Jo Ziegler
Im Katakomben-Theater Essen 2015 während Proben der
PostDrama-Aufführung:
<<KEIN TEICH, KEIN SCHLOSS>>

IMPRESSUM

Bibliografische Information der Deutschen
Nationalbibliothek:
Die Deutsche Nationalbibliothek verzeichnet diese
Publikation
in der Deutschen Nationalbibliografie, detaillierte
bibliografische
Daten sind im Internet über dub.dub.de abrufbar.

www.tredition.de
© **2018** Ziegler, Jo

Herstellung und Verlag:
www.tredition.de

978-3-7469-5417-2 (Paperback)
978-3-7469-5418-9 (Hardcover)
978-3-7469-5419-6 (e-Book)

www.tredition.de
© **2019** Ziegler, Jo
Zweite überarbeitete Auflage

978-3-7482-5071-5 (Paperback)
978-3-7482-5073-9 (Hardcover)
978-3-7482-5072-2 (E-Book)